Géographie et cartes g

Éveil de l'intérêt

Aidez les élèves à mieux comprendre et à apprécier les divers types de cartes géographiques. Mettez à leur disposition des cartes démographiques, climatologiques, topographiques, etc. Vous pouvez obtenir gratuitement des cartes dans les bureaux d'information touristique ou en télécharger de sites Web gouvernementaux. Invitez vos élèves à apporter des cartes que vous pourrez ajouter à votre collection. Celle-ci pourrait comprendre des cartes routières et touristiques, des cartes de quartiers et de parcs d'attractions, des plans d'étage, etc. Ayez aussi sous la main des atlas et des mappemondes.

Liste de mots

Dressez une liste de nouveaux mots se rapportant à la géographie et aux cartes géographiques sur une feuille grand format que les élèves pourront consulter pendant les activités. Créez des catégories de mots telles que noms, verbes, adjectifs ou formes de terrain.

Feuilles reproductibles et organisateurs graphiques

Utilisez les feuilles reproductibles et les organisateurs graphiques pour présenter de l'information, revoir des concepts importants et fournir de nouvelles occasions d'apprentissage. Les organisateurs graphiques aideront les élèves à se concentrer sur les idées principales ou à faire des comparaisons directes.

Modèles de cartes géographiques

Servez-vous des modèles de cartes pour enseigner le nom et l'emplacement des provinces, territoires, villes, grandes régions, formes de terrain et lieux d'intérêt. Invitez les élèves à créer leur propre atlas canadien au moyen des modèles de cartes fournis dans ce cahier et de renseignements qu'ils auront eux-mêmes trouvés au cours de recherches.

Carnets d'apprentissage

Un carnet d'apprentissage est un moyen efficace pour les élèves d'organiser leurs idées sur les concepts présentés et pour vous de déterminer les concepts à passer en revue ou à clarifier.

Exemples d'information à inscrire dans les carnets :

- indices de l'enseignant(e)
- réflexions de l'élève
- questions qui se présentent
- liens découverts
- diagrammes et images avec étiquettes

Grilles d'évaluation et listes de vérification

Servez-vous de ces grilles et listes pour évaluer l'apprentissage des élèves.

Table des matières

Les sept continents	2		Modèles de cartes géographiques	48
Géographie canadienne	3		Organisateurs graphiques	74
Grandes régions du Canada	5		Grilles d'évaluation	77
Provinces et territoires	15		Certificats	79
Collectivités urbaines et rurales	30		Sites Web	80
Conception de cartes	38			

Carte du monde

Une **carte géographique** est une représentation plane d'un endroit. Voici une carte montrant les sept continents et les cinq océans. Colorie les cases de la légende avec différentes couleurs. Puis colorie la carte en te reportant aux couleurs de la légende.

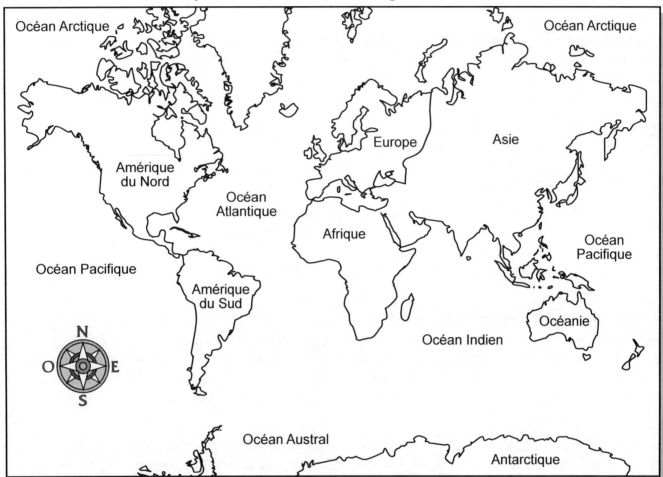

LÉGENDE DE LA CARTE

Océans	Europe	Amérique du Nord	Amérique du Sud	Asie	Afrique	Océanie	Antarctique

Réfléchis bien

1. Donne les noms des sept continents. _____

    _____

2. Donne les noms des cinq océans. _____

3. Sur quel continent vis-tu? _____

Carte du Canada

Voici une **carte** du Canada. Une carte est une représentation plane d'un endroit.

Le Canada est le deuxième plus grand pays au monde. Il compte 10 provinces et 3 territoires. Le Canada est situé en Amérique du Nord et est bordé d'océans sur trois côtés. L'océan Atlantique touche la côte Est. L'océan Pacifique touche la côte Ouest. L'océan Arctique touche la côte Nord. Les États-Unis sont les voisins du Canada au sud.

Sers-toi de l'information donnée plus haut pour compléter les phrases :

Le Canada est le _____ plus grand pays au _____ . Il compte _____

provinces et _____ territoires. Le Canada est situé en _____

et est bordé d' _____ sur trois côtés. L'océan Atlantique touche la côte

_____ . L'océan Pacifique touche la côte _____ . L'océan Arctique touche

la côte _____ .

Grandes régions du Canada

Légende :
- Basses-terres de l'Arctique
- Bouclier canadien
- Basses-terres de la baie d'Hudson
- Basses-terres du Saint-Laurent
- Appalaches
- Plaines intérieures
- Cordillère

Provinces et territoires :
- TERRE-NEUVE-ET-LABRADOR
- ÎLE-DU-PRINCE-ÉDOUARD
- NOUVELLE-ÉCOSSE
- NOUVEAU-BRUNSWICK
- QUÉBEC
- ONTARIO
- MANITOBA
- NUNAVUT
- SASKATCHEWAN
- ALBERTA
- TERRITOIRES DU NORD-OUEST
- COLOMBIE-BRITANNIQUE
- YUKON

N E S O

Les basses-terres du Saint-Laurent

Où elles se trouvent

La région des basses-terres du Saint-Laurent comprend une partie de la vallée de la rivière des Outaouais, l'île d'Anticosti, et une partie de la côte sud du Québec et de la côte de Terre-Neuve-et-Labrador. Elle s'étend de la baie Georgienne, vers le sud jusqu'à la rivière Niagara en Ontario, et vers l'est, le long du fleuve Saint-Laurent, jusqu'à Québec.

Formes de terrain

CHUTES NIAGARA

Les basses-terres du Saint-Laurent sont formées de terrains plats et de quelques collines. Les rivières se jettent dans les cinq Grands Lacs et dans le fleuve Saint-Laurent. Les Grands Lacs sont les lacs Supérieur, Michigan, Huron, Érié et Ontario. Il y a des îles dans les Grands Lacs. La plaine autour des Grands Lacs s'est formée quand des particules de terre appelées « sédiments » se sont déposées dans la région, après avoir été transportées par les rivières et les ruisseaux. Le sol de cette plaine est profond et fertile.

L'escarpement du Niagara se trouve près des Grands Lacs. Un **escarpement** est une longue falaise rocheuse qui délimite une région de hautes terres plates ou en pente douce. La rivière Niagara forme les chutes Niagara en se jetant en bas de l'escarpement.

Climat

En général, les étés dans les basses-terres du Saint-Laurent sont chauds et humides, et les hivers sont froids et souvent neigeux. La région près des Grands Lacs a l'une des saisons de croissance les plus longues au Canada.

Végétation

- Sur les basses-terres du Saint-Laurent, on trouve des forêts mélangées, qui comptent des conifères et des feuillus. Les conifères comprennent le sapin, l'épinette et la pruche. Les feuillus comprennent l'érable, le noyer et le chêne.
- Les basses-terres du Saint-Laurent possèdent un sol très fertile et comptent des zones de croissance parmi les meilleures au Canada.

Faune

- mammifères comme le cerf de Virginie, l'écureuil, l'orignal et le lynx
- poissons comme la perchaude et le brochet
- oiseaux comme le merlebleu de l'Est, le merle noir, le huard et le pic

Ressources naturelles

- minerai de fer, zinc, argent, charbon, cuivre et plomb • eau douce • érable à sucre • sol fertile
- hydroélectricité

Les Plaines intérieures

Où elles se trouvent

La région des Plaines intérieures longe le côté est de la Cordillère et s'étend jusqu'à l'océan Arctique au nord. Elle comprend aussi de grandes parties de l'Alberta, de la Saskatchewan et du Manitoba, ainsi qu'une partie des Territoires du Nord-Ouest.

Formes de terrain

Les Plaines intérieures sont surtout très plates et, parfois, vallonnées. Elles atteignent leur plus haut niveau dans les contreforts des Rocheuses. Au Manitoba et dans les Territoires du Nord-Ouest, elles sont presque au niveau de la mer.

Il y a des milliers d'années, des glaciers couvraient les Plaines intérieures et presque tout le Canada. En pressant sur le sol, le poids des glaciers l'a aplati, tout en formant quelques collines.

 Les glaciers ont laissé derrière eux de la roche, de la vase, du gravier et du sable. Puis, en fondant, ils ont formé des lacs, des rivières et des fleuves. Les Plaines intérieures comptent plusieurs des cours d'eau les plus larges et les plus longs au Canada.

Dans le sud des Plaines intérieures, on trouve la plus grande zone de terres agricoles au Canada. Le sol fertile permet de faire pousser des céréales comme le blé, le seigle, l'avoine et l'orge.

Climat

Dans la majeure partie des Plaines intérieures, les hivers sont froids et les étés sont chauds. C'est dans cette région qu'il y a le moins de précipitations au Canada. Certains endroits connaissent même la sécheresse. Une **sécheresse** se produit quand il n'y a ni pluie ni neige pendant une longue période. Quand il y a une sécheresse dans le sud des Plaines intérieures, les plants de céréales sont en état de dormance, c'est-à-dire qu'ils attendent la pluie pour pousser. L'irrigation est parfois nécessaire pour aider les céréales à pousser. L'**irrigation** est un moyen d'apporter de l'eau dans les champs.

Végétation

- Des arbres et des arbustes poussent près des ruisseaux et des autres cours d'eau.
- La plupart des arbres sont des feuillus.
- Dans le sud des Plaines intérieures, la végétation naturelle se compose surtout de graminées.
- Dans le nord des Plaines, il pousse seulement des plantes, des mousses et des graminées de petite taille.

Faune

- oiseaux comme le canard, l'oie et le cygne
- le loup et l'ours polaire dans le nord
- herbivores comme le chevreuil, l'orignal, le wapiti et le caribou
- carnivores comme le coyote, l'aigle et le faucon

Ressources naturelles

- charbon et potasse • pétrole et gaz naturel • sol fertile dans le sud de la région • minéraux

La Cordillère

Où elle se trouve

La Cordillère est une région montagneuses du côté ouest du Canada, le long de l'océan Pacifique. Elle comprend la province de la Colombie-Britannique, ainsi que des parties du Yukon, de l'Alberta et des Territoires du Nord-Ouest.

Formes de terrain

LES ROCHEUSES

Il y a beaucoup de formes de terrain dans la Cordillère : des montagnes, des collines, des plateaux et des vallées. Il y a aussi de grands réseaux fluviaux et beaucoup de lacs de différentes tailles. Le réseau du fleuve Fraser est le plus important. Il y a beaucoup de chaînes de montagnes dans cette région, y compris la chaîne Columbia, les Rocheuses et la chaîne Côtière.

Ces chaînes de montagnes se sont formées il y a des millions d'années, quand d'énormes masses de roche se sont déformées et se sont écrasées les unes contre les autres.

Climat

Dans le nord de la Cordillère, les hivers sont froids et les étés sont frais. Les températures sont plus douces dans la partie sud. Le long de la côte, les hivers sont doux, les étés sont chauds et il y a beaucoup de pluie. L'océan garde les zônes côtières plus fraîches en été et plus chaudes en hiver.

Végétation

La plupart des forêts dans la Cordillère se composent de conifères. Les conifères les plus grands se trouvent dans la forêt pluviale près de la côte du Pacifique.
- Les plantes, les arbustes et les arbres sont de plus grande taille sur la côte qu'à d'autres endroits.
- Il y a peu de végétation au sommet des hautes montagnes.
- L'herbe est la végétation naturelle sur presque tout le plateau de l'intérieur.

Faune

- l'ours polaire et le caribou dans l'extrême-nord
- oiseaux comme l'aigle, le corbeau et le hibou
- animaux marins comme la baleine, l'otarie et le phoque
- mammifères comme le chevreuil, le wapiti et le lynx
- poissons comme le saumon, la truite, le flétan et le brochet

Ressources naturelles

- forêts • poissons, comme le saumon, le flétan et le hareng • hydroélectricité • plomb, sable et gravier
- fruits qui poussent dans la vallée de l'Okanagan • or, argent, cuivre et zinc

Les basses-terres de la baie d'Hudson

Où elles se trouvent

La région des basses-terres de la baie d'Hudson s'étend sur la partie sud de la baie d'Hudson et de la baie James, et comprend des parties du Manitoba, du Québec et du nord de l'Ontario.

Formes de terrain

Les basses-terres de la baie d'Hudson faisaient autrefois partie de la baie d'Hudson et sont reconnues comme l'une des parties les plus plates du Canada. Elles ont mis beaucoup de temps à se former. Quand les glaciers de la période glaciaire ont fondu, le niveau du sol s'est élevé. Le sol atteint presque le niveau de la mer. Il est donc marécageux. L'eau qui s'y trouve ne s'écoule nulle part.

Les basses-terres de la baie d'Hudson possèdent la plus grande zone de milieux humides au monde. Un **milieu humide** est une région qui est couverte d'eau presque tout le temps. La majeure partie des basses-terres de la baie d'Hudson repose sur le pergélisol. Le **pergélisol** est un sol qui reste gelé pendant toute l'année. Seule la surface de la terre dégèle l'été. Le pergélisol est une autre raison pour laquelle l'eau ne s'écoule pas facilement.

Climat

Le climat des basses-terres de la baie d'Hudson ressemble à celui du nord du Bouclier canadien. Les hivers sont longs et froids. Les étés sont courts et chauds. Les précipitations prennent surtout la forme de neige pendant l'hiver.

Végétation

- La majeure partie des basses-terres de la baie d'Hudson est couverte de fondrières et de tourbières.
- Il y a de grands marécages le long de la côte de la baie d'Hudson et de la baie James.
- Dans le sud-ouest, il y a des forêts touffues où poussent des arbres comme l'épinette blanche, le bouleau gris et le peuplier baumier.

Faune

- oiseaux comme l'oie des neiges, le cygne siffleur, le canard et le huard
- animaux marins comme le phoque et le morse
- mammifères comme le caribou, le renard arctique, la belette et l'ours polaire

Ressources naturelles

- hydroélectricité

Le Bouclier canadien

Où il se trouve

La région du Bouclier canadien comprend des parties de l'Alberta, de la Saskatchewan, du Manitoba, de l'Ontario, du Québec, des Territoires du Nord-Ouest, du Nunavut et de Terre-Neuve-et-Labrador. C'est la plus grande des régions géographiques du Canada. Elle couvre presque la moitié du pays.

Formes de terrain

Le Bouclier canadien est formé de roche et couvert en grande partie d'une mince couche de terre. Les formes de terrain dans cette région sont des plateaux et des collines rocheuses. C'est une région de forêts, de toundra et de basses-terres.

Plus de 1/4 de la surface du Bouclier canadien est couverte d'eau. Le Bouclier canadien compte des milliers de lacs, de rivières, de ruisseaux et de marais. Certaines des rivières se jettent dans la baie d'Hudson. D'autres rivières se jettent dans les Grands Lacs et le fleuve Saint-Laurent.

Climat

Les hivers dans le nord du Bouclier canadien sont longs et froids. Les étés sont courts et chauds. Il tombe moins de 300 mm de pluie et de neige chaque année. Il y a du pergélisol. Dans le sud du Bouclier canadien, les hivers sont froids et neigeux, et les étés sont chauds. Les précipitations annuelles peuvent atteindre 1600 mm.

Végétation

- Dans le nord de la région, il y a la toundra où poussent de petites plantes, des mousses et des arbustes de petite taille.
- Rien ne pousse dans les parties rocheuses du Bouclier canadien.
- Il y a des marécages appelés « fondrières » entre les collines rocheuses.
- Des conifères et des feuillus poussent dans le sud de la région.

Faune

- mammifères comme le caribou, l'orignal et le chevreuil
- oiseaux comme le corbeau, le huard et le moineau
- poissons comme la truite, l'achigan, la perche et le doré
- insectes comme la mouche noire et le moustique

Ressources naturelles

- hydroélectricité • bois tendre et bois dur • or, argent, amiante, nickel, zinc, fer, cuivre et uranium

Les basses-terres de l'Arctique

Où elles se trouvent

Les basses-terres de l'Arctique forment une petite région qui comprend de nombreuses îles dans l'océan Arctique, ainsi qu'une partie de la côte extrême-nord du Canada. Des parties du Yukon, des Territoires du Nord-Ouest et du Nunavut en font aussi partie. Presque toute la région des basses-terres de l'Arctique se trouve au nord du cercle polaire. Le cercle polaire est situé à 63,5° de latitude Nord.

Formes de terrain

Il y a des milliers d'années, les basses-terres de l'Arctique étaient couvertes de glaciers. On appelle cette période « période glaciaire ». Les basses-terres de l'Arctique sont de grandes zones plates formées de roche et de plaines marécageuses. Le sol sous la surface reste gelé toute l'année. C'est ce qu'on appelle le **pergélisol**. Seule la surface du sol dégèle en été. La couche de sol est mince, et les plantes n'y poussent pas très bien.

Le pingo est une forme de terrain qu'on trouve dans les basses-terres de l'Arctique où il y a du pergélisol. Un **pingo** est une butte de forme arrondie qui contient un noyau de glace. Le pingo s'élargit peu à peu, à mesure que des couches de glace s'ajoutent sur le noyau.

De la glace marine se forme en hiver. La **glace marine** est un type de glace qui se forme dans l'eau salée d'océans, de mers et de détroits. En été, la glace marine fond et se brise en plaques de glace flottantes. Ces plaques se nomment **floes**. Leur taille va de quelques mètres à plusieurs kilomètres.

Climat

Dans les basses-terres de l'Arctique, les étés sont courts et ensoleillés, et le ciel est clair. Au milieu de l'été, le soleil ne se couche pas. Pendant les longs hivers, cette région est très froide. Au milieu de l'hiver, le soleil ne se lève pas. Il y a très peu de précipitations dans la région. Il pleut rarement l'été et il tombe peu de neige l'hiver.

On peut voir des **aurores boréales** dans la région des basses-terres de l'Arctique. Elles ressemblent à de grands rideaux de lumière qui ondulent dans le ciel quand de l'énergie provenant du Soleil entre en contact avec des particules dans l'air.

Végétation

- Les basses-terres de l'Arctique sont surtout couvertes de toundra.
- Seules des mousses, de petites plantes à fleurs et des arbustes de petite taille poussent dans la région.
- Dans certaines parties de la région, il n'y a aucune végétation.

Faune

- animaux marins comme la baleine, le phoque et le morse
- mammifères comme le loup, l'ours polaire et le renard arctique
- oiseaux en été comme le huard, l'oie des neiges et le harfang des neiges

MORSE

Ressources naturelles

- plomb et zinc • charbon • pétrole et gaz naturel • saponite ou pierre de savon

Les Appalaches

Où elles se trouvent

La région des Appalaches comprend les provinces du Nouveau-Brunswick, de la Nouvelle-Écosse et de l'Île-du-Prince-Édouard. Elle comprend aussi une partie du Québec et de Terre-Neuve-et-Labrador.

Formes de terrain

La région des Appalaches fait partie d'une ancienne chaîne de montagnes peu élevées qui ont subi l'effet de l'érosion pendant des millions d'années. La région est bordée par l'océan Atlantique et comprend une zone côtière de plusieurs milliers de kilomètres. Les vagues, les marées et les courants ont érodé les falaises et formé des îles, des plages, des baies et des ports bien

ROCHERS HOPEWELL

protégés. Au parc des rochers Hopewell, les marées sont parmi les plus hautes au monde.

Au large des côtes de la région des Appalaches, le fond de l'océan descend en pente sur plusieurs kilomètres, puis descend abruptement pour former une tranchée profonde. La partie peu profonde près de la côte se nomme « plateau continental ». La partie de ce plateau qui longe la côte sud-est de Terre-Neuve s'appelle « Grands Bancs ». Les Grands Bancs de Terre-Neuve sont une région de pêche reconnue dans le monde entier. Le sol est fertile dans certaines plaines et vallées des Appalaches. D'autres plaines et vallées dans la région sont très rocheuses.

Climat

Le climat varie dans la région des Appalaches. Les étés peuvent être frais, ou chauds et pluvieux. Les hivers sont longs et il y a beaucoup de précipitations. Le détroit de Northumberland, situé entre l'Île-du-Prince-Édouard et la partie continentale gèle en hiver. Il arrive souvent que des vents très violents soufflent dans la région.

Végétation

- Des conifères comme l'épinette noire, l'épinette blanche et le sapin baumier poussent dans l'intérieur et sur la côte de la région des Appalaches.
- Les arbres poussent lentement parce que le sol est rocheux.
- Des forêts d'arbres au bois dur comme l'hêtre, l'érable à sucre et l'épinette blanche ont été presque toutes coupées.

Faune

- animaux marins comme le phoque gris et le phoque commun
- mammifères comme le renard, le chevreuil, le coyote, le vison, le lièvre, le caribou et le castor
- poissons comme la morue et le saumon, et mollusques comme la pétoncle
- oiseaux comme le macareux, la mouette, l'aigrette des récifs et le petit pingouin

Ressources naturelles

- pétrole • poissons • zinc, plomb, potasse et sel • cuivre et or

Brochure d'une grande région du Canada

Conçois une brochure sur l'une des grandes régions du Canada. Une **brochure** est un dépliant qui contient des renseignements descriptifs. Les titres des sections de ta brochure seront :

- les formes de terrain
- le climat
- la végétation
- la faune
- les ressources naturelles
- des faits intéressants

1re étape : Un plan de ta brochure

Étape	Complétée
1. Plie une feuille de papier de la façon dont ta brochure sera pliée.	
2. Avant d'écrire l'information, fais un plan au crayon à mine. • Écris le titre de chaque section, là où tu veux placer la section dans ta brochure. • Laisse de l'espace sous le titre pour écrire de l'information. • Laisse de l'espace pour des diagrammes ou des images.	

2e étape : Écris ton brouillon

Étape	Complétée
1. Cherche l'information dont tu as besoin pour chaque section de ta brochure.	
2. Relis ton brouillon, puis ajoute, efface ou change des mots pour l'améliorer.	

3e étape : Fais une révision finale

J'ai vérifié l'orthographe. _____

J'ai vérifié la ponctuation. _____

Mes phrases sont claires. _____

Ma brochure est propre et bien organisée. _____

J'ai ajouté des dessins. _____

Ma brochure est attrayante. _____

LA FAUNE DU CANADA

Le Canada est reconnu pour la beauté de son paysage et pour sa faune. Les grandes régions du Canada sont différentes les unes des autres dans leur végétation, leur climat, leurs formes de terrain, leurs ressources naturelles et leur faune. Trouve de l'information au sujet de la faune canadienne sur le site Web suivant :

www.hww.ca/index_f.asp

Réfléchis bien

Choisis un animal d'une des grandes régions du Canada. Fais une recherche sur cet animal et présente l'information dans une brochure intitulée « Tout sur _____ ». Cherche des renseignements sur :

- son alimentation
- son habitat
- comment il s'est adapté à la région
- sa place dans la chaîne alimentaire
- des faits intéressants

Important! N'oublie pas d'ajouter des diagrammes avec étiquettes et des images!

LES RIVIÈRES, FLEUVES ET LACS DU CANADA

Les rivières, fleuves et lacs du Canada contiennent une grande partie de l'eau douce de la planète. L'eau douce est importante parce qu'on peut la boire et qu'elle maintient la vie. Tu peux en apprendre plus au sujet des Grands Lacs sur ce site :

http://www.ec.gc.ca/grandslacs-greatlakes

Tu peux en apprendre plus sur l'importance de l'eau douce sur ce site :

http://www.ec.gc.ca/eau-water

Réfléchis bien

- Dresse une liste des Grands Lacs.

- Dresse une liste de toutes les façons dont nous utilisons l'eau dans notre vie de tous les jours. Qu'est-ce qui arriverait si nous n'avions pas d'eau douce?

- Quel est le fleuve canadien le plus long?

Relie chaque province et territoire à sa capitale.

Nunavut	Victoria
Ontario	Halifax
Québec	Fredericton
Alberta	Toronto
Saskatchewan	Winnipeg
Territoires du Nord-Ouest	Edmonton
Nouvelle-Écosse	Whitehorse
Terre-Neuve-et-Labrador	Québec
Nouveau-Brunswick	Regina
Île-du-Prince-Édouard	St. John's
Colombie-Britannique	Iqaluit
Yukon	Yellowknife
Manitoba	Charlottetown

Superficie : 5660 km carrés

Grande région : Appalaches

Capitale : Charlottetown

Collectivités principales : Charlottetown et Summerside

Emblème floral : Sabot de la vierge

Oiseau emblème : Geai bleu

www.gov.pe.ca

L'Île-du-Prince-Édouard (Î.-P.-É.) s'est jointe à la confédération le 1er juillet 1873 et porte le nom du père de la reine Victoria d'Angleterre. L'Î.-P.-É. est reconnue comme le berceau de la Confédération. Sir John A. MacDonald et ses collègues se sont réunis à Charlottetown pour un échange d'idées qui allait mener à l'union des premières provinces en un pays.

Emplacement

L'Île-du-Prince-Édouard est une île de la côte est du Canada et la plus petite des provinces. C'est une province de l'Atlantique. Elle est à l'est du Nouveau-Brunswick et au nord de la Nouvelle-Écosse. Le golfe du Saint-Laurent borde trois des côtés de l'île.

Paysage

L'Î.-P.-É. a 224 kilomètres de longueur. On y trouve beaucoup de plages sablonneuses, de marais et de dunes. Aucun endroit dans la province n'est à plus de 16 km de la mer. Il y a beaucoup de petites îles au large des côtes de l'Î.-P.-É.

Industries

Les principales industries de l'Î.-P.-É. sont l'agriculture, le tourisme, les pêcheries et les industries légères. Le sol rouge, qui provient du grès rouge, produit l'un des plus importants produits d'exportation de l'île : la pomme de terre. Beaucoup de personnes dans l'île récolte aussi la mousse d'Irlande. La mousse d'Irlande est une algue. On s'en sert pour fabriquer la crème glacée, la bière et des cosmétiques. L'Î.-P.-É. est aussi reconnue pour ses homards, ses pétoncles, ses moules et ses huîtres.

Ressources naturelles

• sol fertile • mousse d'Irlande • poissons, mollusques, homards et autres crustacés • terres boisées

Superficie : 55 500 km carrés

Grande région : Appalaches

Capitale : Halifax

Collectivités principales : Halifax, Dartmouth, Lunenburg et Sydney

Emblème floral : Fleur de mai

Oiseau emblème : Balbuzard

www.gov.ns.ca/bonjour/

La Nouvelle-Écosse a été l'une des quatre premières provinces à former une confédération le 1er juillet 1867. Les Écossais ont été parmi les premiers colons à s'installer en Nouvelle-Écosse.

Emplacement

La Nouvelle-Écosse est une province de l'Atlantique. Elle est située au sud-est du Nouveau-Brunswick, au sud de l'Île-du-Prince-Édouard et au sud-ouest de Terre-Neuve-et-Labrador.

Paysage

La Nouvelle-Écosse se compose de deux parties : la partie continentale et l'île du Cap-Breton. L'île du Cap-Breton est jointe au reste de la province par la levée de Canso. L'océan Antlantique, la baie de Fundy et le détroit de Northumberland entourent la Nouvelle-Écosse. Dans la province, il y a beaucoup d'anses, de petites îles et de baies, ainsi qu'un littoral rocheux. Beaucoup d'oiseaux migrateurs s'arrêtent en Nouvelle-Écosse parce que la province se trouve à mi-chemin entre l'équateur et le pôle Nord.

Industries

Certaines des industries principales en Nouvelle-Écosse sont les industries manufacturières, la pêche, les mines, le tourisme, l'agriculture et l'exploitation forestière. Dans les centres de pisciculture, on élève le saumon atlantique, la moule bleue, l'huître américaine, l'huître plate et la truite arc-en-ciel. Dans la vallée de l'Annapolis et dans le nord de la province, on trouve des fermes laitières, avicoles, fruitières et maraîchères.

Ressources naturelles

• forêts de feuillus et de conifères • mines à charbon • gypse • sel, sable et gravier
• pêche côtière et en haute mer • hydroélectricité

Superficie : 72 000 km carrés

Grande région : Appalaches

Capitale : Fredericton

Collectivités principales : Saint John, Moncton, Fredericton et Bathurst

Emblème floral : Violette cucullée

Oiseau emblème : Mésange à tête noire

www.gov.nb.ca

Le Nouveau-Brunswick a été l'une des quatre premières provinces à fonder une confédération le 1er juillet 1867. Samuel de Champlain et d'autres Français se sont établis dans ce qui s'appelait alors « Acadie » en 1608. Les francophones forment encore la majorité sur la côte est de la province. Le Nouveau-Brunswick tire son nom de la famille royale du roi Georges III, c'est-à-dire Brunswick.

Emplacement

Le Nouveau-Brunswick est une province de l'Atlantique. Ses voisins sont l'Île-du-Prince-Édouard à l'est, le Québec au nord, et la Nouvelle-Écosse au sud.

Paysage

Les principales caractéristiques du Nouveau-Brunswick sont des montagnes dans le nord, des forêts denses dans presque toute la province, ainsi que des lacs et rivières formés pendant la période glaciaire. L'une des attractions touristiques les plus populaires est le parc des rochers Hopewell, sur la baie de Fundy. L'océan a sculpté ces rochers et leur a donné l'apparence de pots de fleurs géants. La baie de Fundy a les plus hautes marées. Il y a deux marées hautes et deux marées basses chaque jour.

Industries

Les principales industries au Nouveau-Brunswick sont les industries manufacturières, la pêche, les mines, l'exploitation forestière, et les pâtes et papiers. Beaucoup de gens travaillent aussi dans des centres d'appels bilingues. Ces centres donnent de l'information dans plusieurs domaines. Le Nouveau-Brunswick est aussi reconnu pour ses pommes de terre et les fruits qui y poussent, comme les pommes, les bleuets, les fraises et les canneberges. Grand Manan est un port de pêche bien connu du Nouveau-Brunswick.

Ressources naturelles

• mousse de sphaigne • plomb, cuivre, argent et zinc • potasse • forêts • pêche

Superficie : 371 700 km carrés

Grande région : Bouclier canadien et basses-terres du Saint-Laurent

Capitale : St. John's

Collectivités principales : St. John's, Corner Brook et Gander

Emblème floral : Sarracénie pourpre

Oiseau emblème : Macareux moine

www.gov.nl.ca/aboutnl/french/fr_default.htm

Terre-Neuve-et-Labrador est la province atlantique située le plus à l'est au Canada. Elle a été la dernière province à se joindre à la confédération le 31 mars 1949.

Emplacement

Terre-Neuve est une île, tandis que le Labrador est situé sur la partie continentale. Les voisins de la province sont le Québec à l'ouest et la Nouvelle-Écosse au sud-ouest. L'île de Terre-Neuve est entourée du golfe du Saint-Laurent et de l'océan Atlantique, et le Labrador est bordé par l'océan Atlantique. Pour se rendre à l'île, les gens doivent prendre l'avion ou un traversier.

Paysage

Les principales formes de terrain à Terre-Neuve-et-Labrador sont des montagnes, des collines, des plateaux, des hautes-terres et des basses-terres. Son littoral rocheux compte de nombreux fjords et baies. Presque toute la province est située dans le Bouclier canadien et possède un grand nombre de forêts. Certaines des forêts sont des forêts à lichens. Le sol autour des arbres est couvert de lichens et de mousses. De grandes parties du Labrador sont couvertes de marais et de fondrières. Dans le nord, il y a la toundra, de grandes plaines sans arbres. Les Grands Bancs sont un plateau dans l'océan qui longe l'est et le sud de l'île de Terre-Neuve. Ils constituent une région de pêche reconnue dans le monde entier.

Industries

Les principales industries sont l'hydroélectricité, le minerai de fer, les pâtes et papiers, le tourisme et la pêche. L'industrie des services est aussi très importante dans cette province.

Ressources naturelles

• uranium, nickel, or, fer, cuivre, plomb et zinc • pétrole en mer • Grands Bancs - pêche • hydroélectricité

Province du centre : Québec

Surnom: La belle province

Superficie: 1,4 million de km carrés

Grande région : Bouclier canadien, Appalaches, basses-terres du Saint-Laurent

Capitale : Québec

Collectivités principales : Québec, Montréal, Sherbrooke, Gatineau et Trois-Rivières

Emblème floral : Iris versicolore

Oiseau emblème : Harfang des neiges

www.gouv.qc.ca

Québec est la plus grande province du Canada et a été l'une des quatre premières provinces à fonder une confédération le 1er juillet 1867. Le mot *Québec* est un mot amérindien qui signifie « là où le fleuve se rétrécit ». La majorité des gens au Québec parlent français.

Emplacement

Le Québec est une province du centre et est bordé d'eau sur trois côtés. Ses voisins sont l'Ontario à l'ouest, Terre-Neuve-et-Labrador à l'est, et le Nouveau-Brunswick au sud-est.

Paysage

Presque la moitié du Québec est couverte d'arbres. La province compte de nombreux lacs et rivières. Les formes de terrain comprennent des plaines, des montagnes, des collines et des plateaux. La plus grande partie de la province se trouve dans la grande région du Bouclier canadien. Cette région se caractérise par ses terres rocheuses, ses forêts, ses montagnes, ses lacs et ses milieux humides. Presque toute la population du Québec vit dans la grande région des basses-terres du Saint-Laurent.

Industries

Le Québec est le plus grand producteur de sirop d'érable au monde. Il possède aussi le plus grand nombre de fermes laitières au Canada. Les fromages faits au Québec sont reconnus dans le monde entier et ont gagné de nombreux prix. Parmi les autres principales industries : les industries manufacturières, l'agriculture, la production d'électricité, les mines, les pâtes et papiers, la transformation des viandes et le raffinage du pétrole. Le Québec est reconnu aussi pour sa fabrication de papier, de boîtes et de papier journal.

Ressources naturelles

• minerai de fer • forêts • or • cuivre, zinc et plomb • hydroélectricité • amiante

Province du centre : Ontario

Superficie : 891 200 km carrés

Grande région : Bouclier canadien, basses-terres de la baie d'Hudson et du Saint-Laurent

Capitale : Toronto, la ville canadienne qui a la plus grande population

Collectivités principales : Toronto, Ottawa, Hamilton, London, Windsor, Oshawa, Sudbury, Kingston, Timmins et Thunder Bay

Emblème floral : Trillium blanc

Oiseau emblème : Plongeon huard

www.gov.on.ca

L'Ontario est la deuxième plus grande province. Elle a été l'une des quatre premières provinces à se joindre à la confédération le 1er juillet 1867. Son nom vient d'un mot huron qui signifie « beau lac ».

Emplacement

L'Ontario est une province du centre. Ses voisins sont le Québec à l'est et le Manitoba à l'ouest. La baie d'Hudson est au nord de l'Ontario. Les Grands Lacs et les États-Unis sont au sud.

Paysage

Presque la moitié de l'Ontario fait partie de la grande région du Bouclier canadien. Le Bouclier canadien possède des formes de terrain découpées et des rivières au courant puissant. Le sud de l'Ontario se trouve dans la région des basses-terres du Saint-Laurent. Là, le climat est doux et le sol est exceptionnellement fertile. L'escarpement du Niagara est une paroi rocheuse de calcaire qui s'étend des chutes Niagara à l'île Manitoulin. Quatre des cinq Grands Lacs sont situés en Ontario. Avec le Saint-Laurent, ils forment une voie navigable sur laquelle on transporte une grande partie des céréales, des minéraux et du papier journal canadiens.

Industries

Les principales industries de l'Ontario comprennent les industries manufacturières, les finances, la construction, le tourisme, l'agriculture, les mines, l'industrie automobile et l'exploitation forestière. La zone fruitière du Niagara produit des raisins, des pêches et des pommes.

Ressources naturelles

• forêts de feuillus et de conifères • pétrole • fer, cuivre, plomb, or, argent, nickel et zinc • sol fertile • eau

Surnom: Le grenier du Canada

Superficie: 570 700 km carrés

Grande région : Plaines intérieures, Bouclier canadien

Capitale : Regina

Collectivités principales : Saskatoon, Regina, Prince Albert et Moose Jaw

Emblème floral : Lis de Philadelphie

Oiseau emblème : Tétras à queue fine

www.gov.sk.ca

La Saskatchewan est l'une des provinces des Prairies. Elle s'est jointe à la confédération le 1ᵉʳ juillet 1905. Le nom de la province vient d'un mot des Premières Nations des Plaines, *kisiskatchewan* qui signifie « la rivière au courant rapide ».

Emplacement

La Saskatchewan est la seule province dont aucune frontière n'a été créée par la nature. Ses voisins sont le Manitoba à l'est et l'Alberta à l'ouest. Ses voisins au nord sont les Territoires du Nord-Ouest et le Nunavut.

Paysage

La Saskatchewan a trois formes de terrain principales : des plaines, des forêts denses et d'énormes formations rocheuses. Les terres agricoles occupent environ un tiers de la province. La Saskatchewan est riche en forêts et possède plus de 100 000 lacs d'eau douce, un fleuve et des tourbières.

Industries

Les industries de la Saskatchewan comprennent l'élevage de bétail, l'agriculture, les mines, la transformation de la viande, la production d'électricité, le raffinage du pétrole et l'industrie des services. La Saskatchewan est reconnue pour sa production de blé vendu au Canada et à d'autres pays. La province est le plus important producteur de potasse et d'uranium au monde. La potasse sert à fertiliser les plantes, et l'uranium aide à produire de l'électricité.

Ressources naturelles

• terres agricoles • potasse, sel, uranium et pétrole • cuivre, zinc et nickel

Province des Prairies : Alberta

Superficie : 644 000 km carrés

Grande région : Plaines intérieures, Cordillère

Capitale : Edmonton

Collectivités principales : Edmonton, Calgary, Lethbridge, Red Deer et Medicine Hat

Emblème floral : Rose aciculaire

Oiseau emblème : Grand-duc d'Amérique

www.gov.ab.ca

L'Alberta est l'une des provinces des Prairies. Elle s'est jointe à la confédération le 1er septembre 1905. Elle a été nommée en l'honneur d'une princesse britannique.

Emplacement

Les voisins de l'Alberta sont la Colombie-Britannique à l'ouest et la Saskatchewan à l'est. La province est bordée par les Territoires du Nord-Ouest au nord.

Paysage

Les formes de terrain de l'Alberta comprennent des plaines, des montagnes, des contreforts et des badlands. Les plaines forment la plus grande partie de l'Alberta. Il y a des plaines herbagères dans le sud-est, et des prairies-parcs dans le centre. Les magnifiques montagnes Rocheuses longent la province à l'ouest. Le long de la rivière Red Deer, près de Drumheller, se trouvent les badlands de l'Alberta. On peut y voir des cheminées des fées. Les **cheminées des fées** sont des piliers de roche calcaire au sommet pointu ou aplati. On a aussi trouvé beaucoup de fossiles de dinosaures dans les badlands. Dans le nord de l'Alberta, il y a des forêts et beaucoup de lacs et de rivières.

Industries

Les industries principales de l'Alberta sont les mines, l'agriculture, l'élevage de bétail, les industries manufacturières, les finances et la construction. L'Alberta est reconnue pour son blé, son orge et son avoine. La province est le principal producteur de pétrole, de gaz naturel et de charbon au Canada. La technologie, la recherche et le tourisme sont d'autres industries importantes dans la province.

Ressources naturelles

• terres pour l'agriculture et l'élevage de bétail • forêts • pétrole, gaz naturel et charbon • hydroélectricité

Province des Prairies : Manitoba

Superficie : 548 000 km carrés

Grande région : Plaines intérieures, Bouclier canadien et basses-terres de la baie d'Hudson

Capitale : Winnipeg

Collectivités principales : Winnipeg, Brandon, Thompson et Portage la Prairie

Emblème floral : Anémone pulsatille

Oiseau emblème : Chouette lapone

www.gov.mb.ca

Le Manitoba s'est joint à la confédération le 15 juillet 1870. Son nom est un mot cri qui signifie « le lieu où parle l'esprit ». La population du Manitoba se compose de Métis, de peuples autochtones et de peuples venus d'autres pays. Beaucoup de personnes au Manitoba parlent le français et l'anglais.

Emplacement

Le Manitoba est une province des Prairies. C'est le centre géographique du Canada. Ses voisins sont la Saskatchewan à l'ouest, l'Ontario à l'est et le Nunavut au nord.

Paysage

Les lacs et les rivières couvrent environ un sixième du Manitoba. Le lac Winnipeg est le cinquième plus grand lac au Canada. Dans l'extrême-nord de la province, la toundra se compose de petits arbres, de marais et de grosses formations rocheuses. Le sud est formé d'une plaine basse. Le centre et le nord sont dans la grande région du Bouclier canadien. Des milieux humides et des forêts de conifères couvrent la partie qui se trouve dans les basses-terres de la baie d'Hudson. La ville de Churchill, un port en eau profonde sur la baie d'Hudson, est le meilleur endroit où voir des ours polaires qui migrent de l'Arctique en hiver.

Industries

Les industries principales du Manitoba sont les industries manufacturières, l'agriculture, la transformation de la viande et les mines. La Monnaie royale canadienne, où on fabrique les pièces de monnaie canadiennes, se trouve à Winnipeg.

Ressources naturelles

• hydroélectricité • tantale • terres agricoles • nickel, or, argent, cuivre, zinc et plomb

Territoire : Yukon

Superficie : 483 000 km carrés

Grande région : Cordillère et basses-terres de l'Arctique

Capitale : Whitehorse

Collectivités principales : Whitehorse, Dawson City, Watson Lake et Old Crow (le seul établissement du Yukon qui est situé au nord du cercle polaire)

Emblème floral : Épilobe à feuilles étroites

Oiseau emblème : Grand corbeau

www.gov.yk.ca/fr

Le Yukon s'est joint à la confédération le 13 juin 1898. Il est devenu le deuxième territoire canadien. Le nom du territoire est un mot autochtone qui signifie « grand fleuve ».

Emplacement

Le Yukon est le plus petit des trois territoires canadiens. La partie nord-ouest du territoire est située au nord du cercle polaire. Les voisins du Yukon sont la Colombie-Britannique au sud, les Territoires du Nord-Ouest à l'est, et l'Alaska (un État des États-Unis) à l'ouest. La mer de Beaufort borde le Yukon au nord.

Paysage

Les touristes vont au Yukon pour explorer son paysage naturel et voir les aurores boréales. La plus haute montagne au Canada, le mont Logan, se trouve au Yukon, dans le parc national Kluane. Il fait partie de la chaîne des monts St. Elias. Le plus grand champ de glace non polaire se trouve aussi dans cette chaîne de monts. Il a 700 mètres d'épaisseur et est situé au cœur des montagnes.

Industries

Les industries du Yukon comprennent l'exploitation forestière, la construction, les industries manufacturières, le piégeage d'animaux à fourrure et le tourisme. On y exploite des ressources comme l'or, l'argent, le plomb, le pétrole et le zinc. L'industrie du tourisme est très importante pour le Yukon parce qu'elle procure beaucoup d'emplois dans le secteur des services, c'est-à-dire dans les hôtels, les commerces, les restaurants, et les entreprises de visites guidées et de transport.

Ressources naturelles

• plomb, zinc, or, argent et cuivre • charbon

Superficie : 930 000 km carrés

Grande région : Cordillère

Capitale : Victoria (située sur l'île de Vancouver)

Collectivités principales : Vancouver, Victoria, Prince George, Kamloops, Kelowna, Nanaimo et Penticton

Emblème floral : Cornouiller

Oiseau emblème : Geai de Steller

www.gov.bc.ca

La Colombie-Britannique s'est jointe à la confédération le 20 juillet 1871. Le nom de cette province a été choisi par la reine Victoria.

Emplacement

La Colombie-Britannique est la province la plus à l'ouest du pays et est située sur la côte du Pacifique. Elle se compose d'une partie continentale et de plusieurs petites îles. Ces îles comprennent l'île de Vancouver et aussi l'archipel Haida Gwaii, qu'on appelait avant « îles de la Reine-Charlotte ». Les voisins de la Colombie-Britannique sont le Yukon et les Territoires du Nord-Ouest au nord et l'Alberta à l'est. L'océan Pacifique borde la province à l'ouest.

Paysage

La Colombie-Britannique a trois formes de terrain principales : des montagnes, des plaines et des plateaux. La chaîne Côtière comprend certaines des plus hautes montagnes en Amérique du Nord. Sur ces montagnes, il y a des forêts denses et des lacs à l'eau claire. La moitié de la province est couverte de forêts où poussent certains des arbres les plus anciens et les plus gros au monde. En Colombie-Britannique, il y a aussi beaucoup de rivières, de lacs et de chutes d'eau. La vallée de l'Okanagan, qui est aussi dans cette province, a un sol très fertile.

Industries

Les industries de la Colombie-Britannique comprennent l'exploitation forestière, les mines, le tourisme, l'agriculture, la pêche et les industries manufacturières. La vallée de l'Okanagan produit des fruits comme la pomme, la prune et la cerise. La province est aussi reconnue pour ses entreprises de conception de logiciels. On donne parfois le nom de « Hollywood Nord » à Vancouver parce qu'on y produit beaucoup de films et d'émissions de télévision.

Ressources naturelles

• hydroélectricité • charbon • gypse et gravier • pétrole et gaz naturel • or, plomb, zinc et argent • bois d'œuvre

Surnom: Pays du soleil de minuit

Superficie: 3,3 millions de km carrés

Grande région : Cordillère, basses-terres de l'Arctique, Plaines intérieures et Bouclier canadien

Capitale : Yellowknife

Collectivités principales : Yellowknife, Hay River, Inuvik et Fort Smith

Emblème floral : Dryade à feuilles entières

Oiseau emblème : Faucon gerfaut

www.gov.nt.ca

Les Territoires du Nord-Ouest (T.N.-O.) forment le deuxième plus grand territoire canadien. Ce territoire s'est joint à la confédération le 13 juillet 1870 et a été le premier territoire canadien.

Emplacement

Les T.N.-O. longent les frontières du nord de la Colombie-Britannique, de l'Alberta et de la Saskatchewan, et s'étendent au nord jusqu'à l'océan Arctique et aux îles du Haut-Arctique. D'est en ouest, ils s'étendent de la frontière du Nunavut jusqu'aux monts Mackenzie et à la frontière du Yukon.

Paysage

La majeure partie des T.N.-O. forme une région subarctique, mais elle est couverte de montagnes, de forêts et de toundra. C'est dans les T.N.-O. que se situent le fleuve Mackenzie (le plus long fleuve au Canada) et le Grand lac de l'Ours (l'un des plus grands lacs au monde). Ce territoire est un excellent endroit où voir les aurores boréales.

Industries

Les industries dans les T.N.-O. comprennent les services, le piégeage, les mines, l'exploitation forestière, le tourisme, le pétrole et le gaz naturel, ainsi que les métiers d'art. Les deltas de la mer de Beaufort et du fleuve Mackenzie sont des régions qui font l'objet d'une exploration. On y a trouvé de vastes champs de pétrole. Les entreprises pétrolières veulent exploiter la région depuis les années 1970.

Ressources naturelles

• pétrole et gaz naturel • uranium et cuivre • plomb et zinc • diamants

Territoire : Nunavut

Superficie : 2 millions de km carrés (terres et eau)

Grande région : Bouclier canadien, basses-terres de l'Arctique

Capitale : Iqaluit

Collectivités principales : Iqaluit, Rankin Inlet, Arviat et Cambridge Bay

Emblème floral : Saxifrage à feuilles opposées

Oiseau emblème : Lagopède alpin

www.gov.nu.ca

Le Nunavut est le plus récent et le plus grand des territoires canadiens. Il s'est joint à la confédération le 1er avril 1999. La majeure partie de la population est de descendance inuite. Le nom du territoire est un mot inuktitut qui signifie « notre terre ».

Emplacement

Le Nunavut est bordé à l'est par l'océan Atlantique et la baie d'Hudson. Au nord, il est bordé par la mer de Baffin. À l'ouest, il est bordé par l'océan Arctique et les Territoires du Nord-Ouest. Son voisin au sud est le Manitoba.

Paysage

Au Nunavut, on trouve sept des plus grandes îles canadiennes et deux tiers du littoral canadien. Les îles comprennent l'île de Baffin et l'île d'Ellesmere. Le Nunavut est la région la moins populeuse au monde. L'avion est le moyen de transport le plus important. Chaque collectivité a une bande d'atterrissage. Les avions transportent des gens, des marchandises, des machines, etc. dans toutes les régions du Nunavut. Dans ce territoire, les plans d'eau sont gelés presque toute l'année. On peut voir clairement les aurores boréales partout dans le Nunavut.

Industries

Les industries principales dans le Nunavut sont le tourisme, la chasse, le piégeage, les mines et la pêche. Le Nunavut est aussi reconnu pour ses artisanes et artisans d'art qui créent de magnifiques œuvres. Les animaux arctiques comme le caribou, l'ours polaire, la baleine et le phoque forment une partie importante de la culture inuite. Les touristes peuvent vivre des aventures excitantes comme des excursions sur glace de banc, des randonnées en canot et en kayak, des randonnées pédestres et l'observation de la faune.

Ressources naturelles

• pétrole et gaz naturel • uranium, cuivre, plomb et zinc • diamants

Comparaison des provinces et territoires

EMPLACEMENT		
PAYSAGE		
INDUSTRIES		
RESSOURCES NATURELLES		

Collectivités urbaines et rurales

Une collectivité est un ensemble de personnes qui vivent ou travaillent dans un même endroit et qui ont des intérêts communs. Si elles vivent dans un <u>village</u> ou une <u>réserve</u>, elles forment une collectivité <u>rurale</u>. Si elles vivent dans une <u>ville</u> ou une <u>banlieue</u>, elles forment une collectivité <u>urbaine</u>. Certaines collectivités, comme celle de Fox Creek en Alberta, sont petites. D'autres, comme la ville de Toronto en Ontario, sont très grandes.

Collectivités rurales

Les collectivités rurales sont habituellement petites, et leurs routes sont moins fréquentées que celles des villes. La plupart des maisons sont éloignées les unes des autres et il y a beaucoup d'espaces libres. Les gens travaillent souvent dans les domaines de l'agriculture, de l'exploitation forestière, des mines ou de la pêche.

Collectivités urbaines

Les collectivités urbaines sont souvent très grandes. Dans les villes, il y a beaucoup d'édifices, de commerces et de circulation. Les gens vivent habituellement dans des maisons ou des immeubles d'appartements rapprochés les uns des autres.

Réfléchis bien

Sers-toi de tes propres idées et de l'information fournie dans le texte pour décrire la collectivité dont tu fais partie.

_____

_____

_____

_____

_____

Les caractéristiques d'une collectivité

Nom de la collectivité :_____

Emplacement de la collectivité	
Type de collectivité	
Ressources naturelles ou formes de terrain de la collectivité	
Utilisation du territoire et des ressources naturelles	
Structures dans la collectivité	
Moyens de transport	

En ville ou à la campagne?

Raisons de vivre dans une région urbaine	Raisons de vivre dans une région rurale

COLLECTIVITÉS DES PREMIÈRES NATIONS

Les collectivités des Premières Nations se trouvent dans des régions rurales et urbaines de partout au Canada. Elles habitent des réserves. Une réserve est un territoire occupé uniquement par des « Indiens inscrits ». Les Indiens inscrits sont des gens qui sont considérés comme Indiens selon la Loi sur les Indiens.

Les collectivités des Premières Nations sont différentes les unes des autres. Certaines sont grandes et d'autres sont petites. Chacune a sa culture, ses traditions et sa langue. Beaucoup de membres des collectivités des Premières Nations travaillent dans les industries de l'exploitation forestière ou du pétrole.

Le site Web qui suit fournit de l'information au sujet des collectivités des Premières Nations :

http://pse5-esd5.ainc-inac.gc.ca/fnp/Main/index.aspx?lang=fra

Réfléchis bien

- Pourquoi est-il important que chaque collectivité des Premières Nations mette en valeur sa culture, ses traditions et sa langue?

LES VILLES

Les villes peuvent avoir différentes tailles et se transformer au fil des années. Dans les villes, les gens habitent habituellement dans des maisons, des immeubles d'appartements ou des maisons en rangée. La plupart des villes possèdent leurs propres industries telles que des industries manufacturières. On y trouve des commerces, des édifices gouvernementaux, des hôpitaux, des musées, des centres commerciaux, des arénas et des écoles. Chaque province et territoire a sa capitale. Le Canada aussi a sa capitale : Ottawa, en Ontario.

Le site qui suit te fournira de l'information sur les sites de toutes les capitales canadiennes :

http://www.capitaleducanada.gc.ca/ccco/index_f.asp

Réfléchis bien

- À ton avis, pourquoi des gens préfèrent-ils vivre dans une ville?

COLLECTIVITÉS PORTUAIRES

Beaucoup de gens vivent dans des collectivités portuaires. Un port est un lieu où des navires se mettent à quai et déchargent leur cargaison. Les ports sont importants parce qu'ils assurent le transport de marchandises comme les céréales ou le minerai de fer d'une collectivité à l'autre. Par la suite, les marchandises sont transportées ailleurs dans le Canada et l'Amérique du Nord en train, en camion ou en avion. Parmi les collectivités portuaires canadiennes : Montréal (Québec); Vancouver (Colombie-Britannique); Halifax (Nouvelle-Écosse); Québec (Québec); St. John's (Terre-Neuve-et-Labrador); Churchill (Manitoba). On trouve des collectivités portuaires sur la côte Ouest, la côte Est et la baie d'Hudson, et le long du fleuve Saint-Laurent.

Pour en apprendre davantage sur le réseau fluvial du Saint-Laurent, visite ce site :

http://www.greatlakes-seaway.com/fr/index.html

Réfléchis bien

- Quels effets ont les collectivités portuaires sur la vie des gens vivant dans d'autres collectivités?

LES COLLECTIVITÉS DE PÊCHE

Beaucoup de gens vivent dans des collectivités de pêche. Le Canada a le plus long littoral au monde, et c'est au Canada que se trouvent les Grands Lacs. Certaines collectivités de pêche ont de grands ports, des usines de transformation du poisson, des chantiers navals et des centres de recherche sur les poissons. D'autres collectivités de pêche sont trop petites pour avoir un port; les bateaux y sont tirés jusque sur la plage. Pour empêcher la surpêche, le gouvernement du Canada décide de la quantité de poissons qui peuvent être attrapés. Il y a surpêche quand la nature ne peut pas remplacer assez vite les poissons attrapés. Le gouvernement du Canada protège aussi l'industrie de la pêche en empêchant des navires d'autres pays de pêcher dans une zone qui s'étend sur 200 milles marins des côtes du Canada.

Visite le site qui suit pour en apprendre davantage sur les océans autour du Canada :

http://www.dfo-mpo.gc.ca/canwaters-eauxcan/bbb-lgb/index_f.asp

Réfléchis bien

- Dresse une liste des espèces de poissons, de mollusques et de crustacés qu'on attrape au Canada.
- À ton avis, quels effets les collectivités de pêche ont-elles sur la vie des gens vivant dans d'autres collectivités?

COLLECTIVITÉS MANUFACTURIÈRES

Beaucoup de gens vivent dans des collectivités manufacturières. Le verbe *manufacturer* signifie « fabriquer des produits au moyen de matières premières ». Les voitures, les télévisions, les meubles, les produits alimentaires, les jouets et la gomme à mâcher sont des exemples de produits manufacturés. Dans une collectivité manufacturière, les gens travaillent habituellement dans des usines. Ils ne fabriquent pas tous des produits. Certaines personnes dans les usines offrent des services aux autres, comme des services médicaux, sociaux et alimentaires, ou des services de sécurité.

Réfléchis bien

- À ton avis, pourquoi les emplois sont-ils aussi variés dans une collectivité manufacturière?

- Quels effets ont les collectivités manufacturières sur la vie des gens vivant dans d'autres collectivités?

COLLECTIVITÉS FORESTIÈRES

Beaucoup de gens vivent dans des collectivités forestières. La foresterie comprend la coupe et la replantation d'arbres. Les arbres sont une ressource naturelle. On les utilise dans la fabrication du papier et dans la construction. L'un des emplois les plus importants dans une collectivité forestière est la replantation d'arbres. La replantation empêche cette ressource naturelle de s'épuiser.

Visite le site ci-dessous du ministère des Ressources naturelles du Québec, où tu pourras jouer à un jeu se rapportant à la forêt :

http://education.mrnf.gouv.qc.ca/fiche/media/forestia-jeu-40-170.html

Réfléchis bien

- À ton avis, pourquoi est-il important de replanter des arbres?

- Quels effets ont les collectivités forestières sur la vie des gens vivant dans d'autres collectivités?

COLLECTIVITÉS AGRICOLES

Il y a beaucoup de collectivités agricoles au Canada. Habituellement, les gens dans ce type de collectivité vivent éloignés les uns des autres. Les commerces, les hôpitaux et les marchés où vendre les récoltes sont dans une petite ville avoisinante. Parfois, la collectivité agricole comprend une ville et les fermes qui l'entourent. Il y a divers types de fermes : fermes laitières, maraîchères (légumes) et fruitières, bovines (bétail) et avicoles (volaille), et centres de pisciculture (poissons).

Pour en apprendre davantage sur les divers types de fermes, visite le site suivant :

http://www.farmissues.com/virtualtour/FR/

Réfléchis bien

- Quel type de ferme aimerais-tu avoir? Explique ta réponse.
- Quels effets ont les collectivités agricoles sur la vie des gens vivant dans d'autres collectivités?

COLLECTIVITÉS MINIÈRES

Il y a beaucoup de collectivités minières au Canada. Quand on exploite une mine, on retire des minéraux ou des métaux de la terre. Au Canada, il y a des mines d'or, d'argent, de zinc, de nickel, de chaux et de sel. La plupart des gens qui vivent dans une collectivité minière travaillent pour des entreprises minières. Ils travaillent dans les mines, dans les bureaux ou dans les cantines.

Visite le site ci-dessous pour en apprendre davantage sur les mines :

http://www.cgq-qgc.ca/tous/terre/index.cfm?

Réfléchis bien

- Quels effets ont les collectivités minières sur la vie des gens vivant dans d'autres collectivités?

CARTE D'UNE COLLECTIVITÉ URBAINE

Conçois une carte d'une collectivité urbaine sur une feuille de papier quadrillé.
Tu peux y indiquer ces éléments :

autoroutes	parc	immeubles d'appartements	hôpital
maisons	commerces	écoles	édifices du gouvernement
usine	service de traitement des eaux	formes de terrain	rues

Réfléchis bien

- Pourquoi des gens vivant dans une collectivité rurale voudraient-ils se rendre dans une collectivité urbaine?
- Remplis un profil de ta collectivité urbaine afin de la décrire.

CARTE D'UNE COLLECTIVITÉ RURALE

Conçois une carte d'une collectivité rurale sur une feuille de papier quadrillé. Tu peux y indiquer ceci :

autoroutes	fermes	forêts	formes de terrain
maisons	champs	commerces	stations-services
vergers	hôpital	écoles	marché

Réfléchis bien

- Pourquoi des gens vivant dans une collectivité urbaine voudraient-ils se rendre dans une collectivité rurale?
- Remplis un profil de ta collectivité rurale afin de la décrire.

Rose des vents

Une **rose des vents** est une image qui indique les directions aux personnes qui consultent une carte. La rose des vents indique les quatre points cardinaux : le nord, le sud, l'est et l'ouest. Parfois, elle montre aussi le nord-est, le nord-ouest, le sud-est et le sud-ouest. Inscris les directions sur la rose des vents ci-dessous.

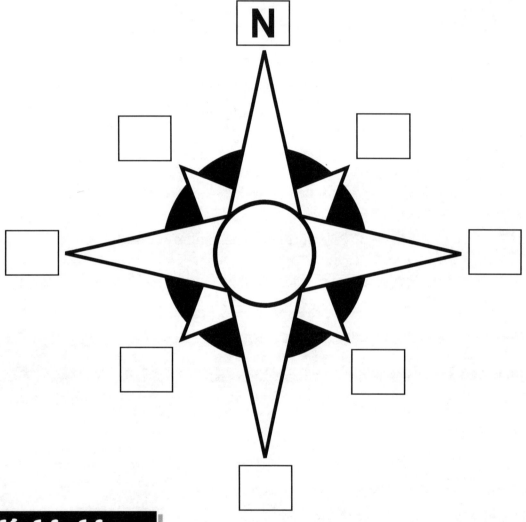

Réfléchis bien

À ton avis, pourquoi une rose des vents est-elle utile? Donne des exemples.

_____

_____

_____

Lecture d'une carte géographique

Une carte géographique est une représentation plane d'un endroit. C'est un outil important pour aider les gens à trouver un endroit. Voici les éléments d'une carte.

## LE TITRE • Chaque carte a un titre. Le **titre** indique de quelle carte il s'agit.	**Une carte du Canada**
## LES FRONTIÈRES • Une **frontière** est une ligne tracée sur une carte pour indiquer les limites d'une région politique, comme un pays ou une province.	
## LES ÉTIQUETTES • Les étiquettes indiquent les noms d'endroits, les lieux intéressants et les formes de terrain comme les rivières, les océans et les montagnes.	● Lac Ontario
## LA ROSE DES VENTS • Une **rose des vents** est une image qui indique les directions. Elle indique les quatre points cardinaux : le nord, le sud, l'est et l'ouest.	N O E S
## L'ÉCHELLE • Une **échelle** est une ligne qui ressemble à une règle. Elle montre comment une petite distance peut représenter une distance réelle. Par exemple, un centimètre sur une carte peut représenter 50 kilomètres comme distance réelle.	Échelle 0 100 200 300 km
## LES SYMBOLES • Un **symbole** est une image qui représente un lieu indiqué sur la carte.	Aéroport
## LA LÉGENDE • La **légende** explique ce que signifient les symboles, les couleurs et les lignes utilisés sur la carte.	Légende ● Ville ★ Capitale

Choisis une carte et indiques-en les éléments ci-dessous.

Quel est le titre de ta carte?	
Qui pourrait utiliser cette carte? Dans quel but?	
Quels endroits cette carte montre-t-elle?	
Y a-t-il une rose des vents sur ta carte? Explique ta réponse.	
Y a-t-il une légende sur ta carte? Explique ta réponse.	
Y a-t-il une échelle sur ta carte? Explique ta réponse.	

Grille cartographique : Terrain de camping

Réfléchis bien

Examine la grille cartographique. Sur une autre feuille, écris ce que tu trouves dans les diverses cases de la grille. (Ex. E1, un pêcheur)

Une grille cartographique

Manitoba

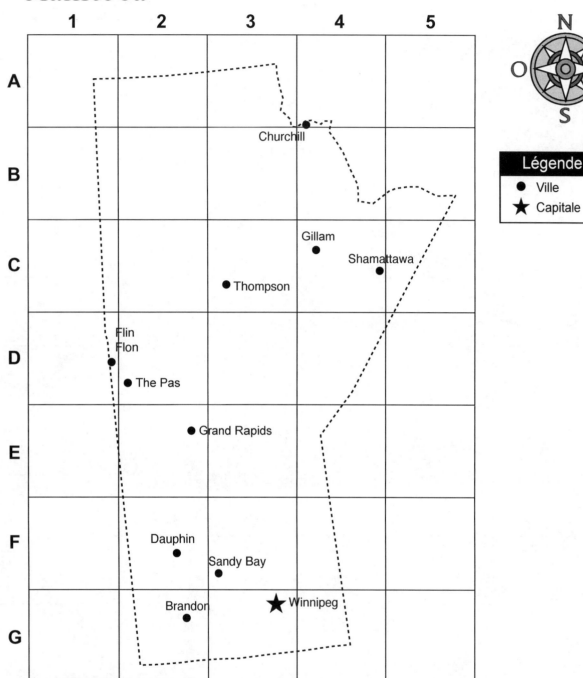

Réfléchis bien

Sur une autre feuille de papier, dresse la liste des villes indiquées sur la carte, ainsi que leur emplacement. (Ex. Gillam, C4)

Grille cartographique

	1	2	3	4	5
A					
B					
C					
D					
E					

Voici une carte de

Légende

Liste de vérification pour ma carte

Nom _____

Organisation et propreté • Ma carte est propre et détaillée. • J'ai clairement indiqué les endroits. • J'ai donné un titre à ma carte.	
Légende • J'ai mis une légende complète sur ma carte.	
Échelle • Les distances entre les endroits correspondent à mon échelle.	
Orthographe • J'ai vérifié l'orthographe.	

Liste de vérification pour ma carte

Nom _____

Organisation et propreté • Ma carte est propre et détaillée. • J'ai clairement indiqué les endroits. • J'ai donné un titre à ma carte.	
Légende • J'ai mis une légende complète sur ma carte.	
Échelle • Les distances entre les endroits correspondent à mon échelle.	
Orthographe • J'ai vérifié l'orthographe.	

Évaluation des cartes des élèves

Nom de l'élève_____

	Niveau 1	Niveau 2	Niveau 3	Niveau 4
Organisation et propreté	Presque toutes les étiquettes sont illisibles.	Quelques étiquettes sont lisibles.	Beaucoup des étiquettes sont lisibles.	Presque toutes les étiquettes sont lisibles.
Légende	Il n'y a pas de légende, ou la légende est difficile à lire.	La légende est incomplète; certains des symboles n'y sont pas indiqués.	La légende comporte un ensemble adéquat de symboles.	La légende comporte un ensemble complet de symboles.
Échelle	Les distances ne sont pas respectées pour plus de la moitié des endroits indiqués.	Les distances ne sont pas respectées pour moins de la moitié des endroits indiqués.	Les distances sont respectées pour beaucoup des endroits indiqués.	Presque toutes les distances sont respectées pour les endroits indiqués.
Orthographe	Moins de la moitié des mots écrits sur la carte sont épelés correctement.	Plus de la moitié des mots sur la carte sont épelés correctement.	Beaucoup des mots écrits sur la carte sont épelés correctement.	Presque tous les mots écrits sur la carte sont épelés correctement.

Observations de l'enseignante ou l'enseignant

_____

_____

_____

Activités complémentaires

Une carte est une représentation plane d'un endroit

Ensemble, discutez du fait qu'une carte est une représentation plane d'un endroit. Puis discutez du fait que la carte représente en plus petit des endroits réels.

- En suivant les suggestions des élèves, dessinez sur une feuille grand format une carte de la classe ou de la cour de récréation. Vous voudrez peut-être leur rappeler qu'on utilise des symboles pour représenter différentes choses sur une carte.
- Ensuite, invitez les élèves à concevoir leur propre carte, une carte qui représenterait leur chambre à coucher, par exemple.

Le globe terrestre et la mappemonde

Discutez ensemble de ce que les élèves savent déjà au sujet du globe terrestre et de la mappemonde. Faites un remue-méninges et dressez une liste des renseignements que les gens peuvent obtenir de ces deux représentations de la Terre. Invitez les élèves à trouver les plans d'eau et les masses terrestres sur un globe ou une mappemonde.

Rappelez aux élèves que le monde est très vaste et :

- qu'il se compose de continents;
- que, sur ces continents, il y a des pays;
- que ces pays sont divisés en plus petites parties telles que des provinces ou des États.

Mettez-les au défi de trouver d'autres pays, par exemple le pays d'où vient leur famille. Vous pourriez utiliser des punaises, des étoiles, etc., pour marquer les divers pays nommés.

Conception d'une carte

Demandez aux élèves de concevoir leurs propres cartes. Il pourrait s'agir d'une carte :

- de la classe
- au trésor
- d'un centre commercial
- d'une exploitation agricole
- de la cour de récréation
- d'un zoo
- indiquant leur trajet jusqu'à l'école
- d'un parc d'attractions

Chasse au trésor dans un atlas

Discutez ensemble des diverses parties d'un atlas et de l'utilité d'un tel outil. Puis invitez les élèves à participer à une chasse au trésor dans l'atlas. Cherchez des endroits comme :

- des villes
- les provinces et territoires
- des lacs, fleuves ou rivières
- des montagnes
- les océans
- des routes
- des pays
- des formes de terrain

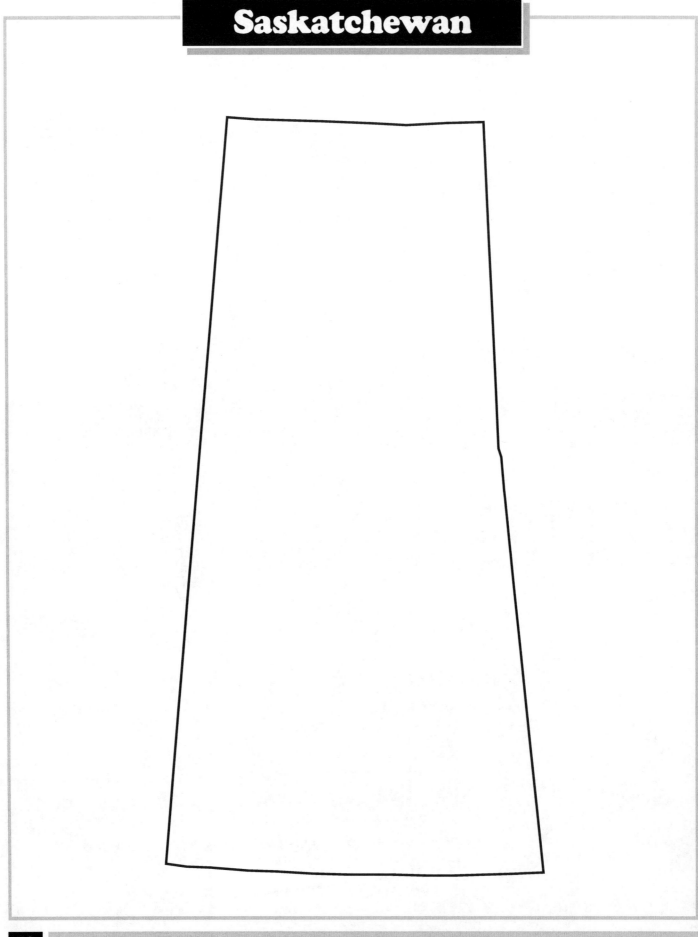

Manitoba

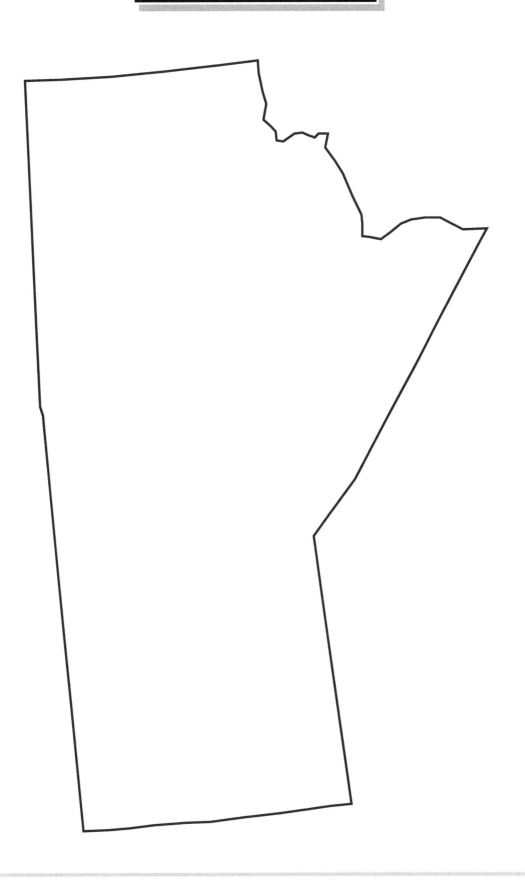

Québec

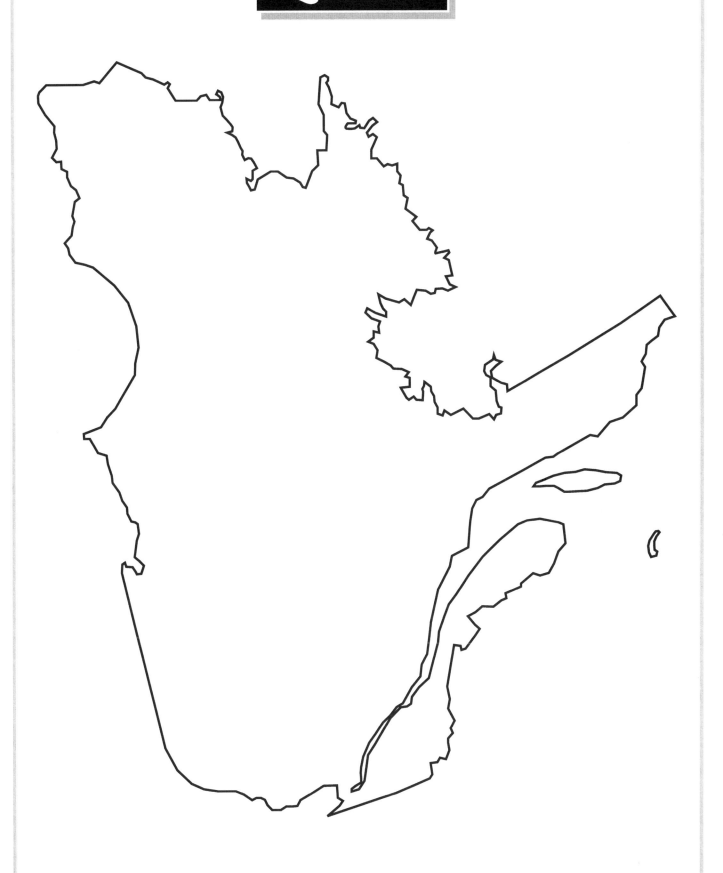

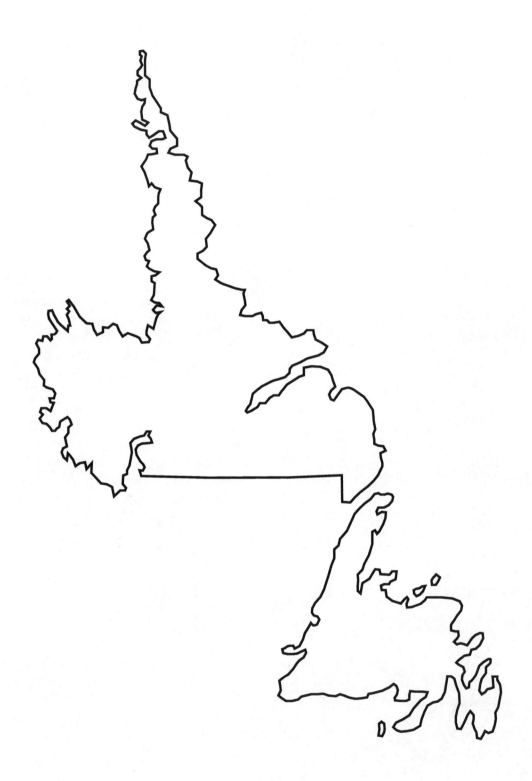

Colombie-Britannique

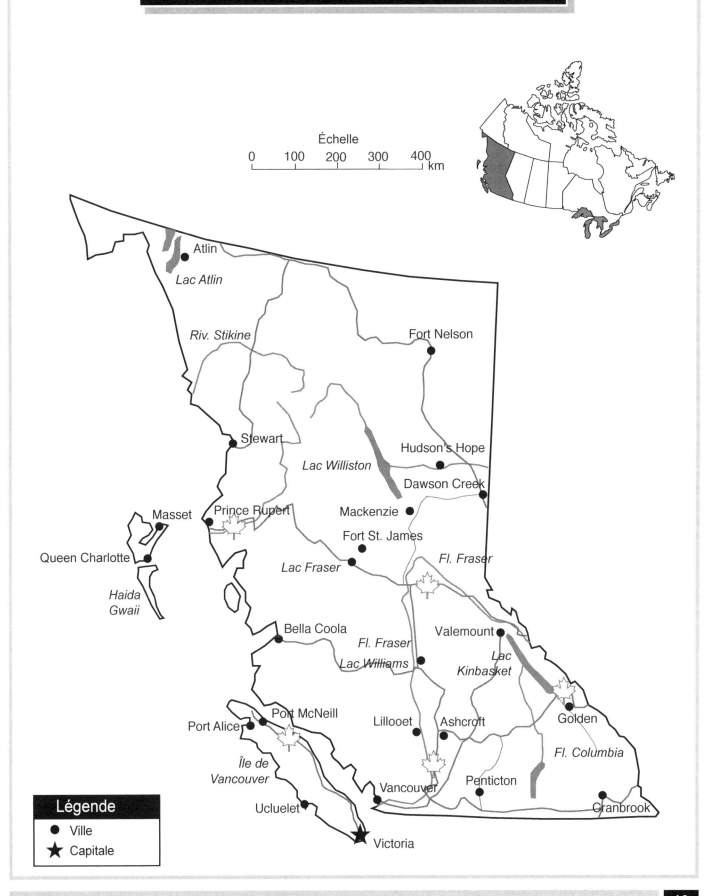

Échelle

0   100   200   300   400 km

Atlin
Lac Atlin

Riv. Stikine

Fort Nelson

Stewart

Hudson's Hope

Lac Williston

Dawson Creek

Masset

Prince Rupert

Mackenzie

Fort St. James

Fl. Fraser

Queen Charlotte

Lac Fraser

Haida Gwaii

Bella Coola

Fl. Fraser

Lac Williams

Valemount

Lac Kinbasket

Port McNeill

Port Alice

Lillooet

Ashcroft

Golden

Île de Vancouver

Fl. Columbia

Ucluelet

Vancouver

Penticton

Cranbrook

Victoria

Légende

● Ville
★ Capitale

Alberta

Échelle

0   100   200   300
                          km

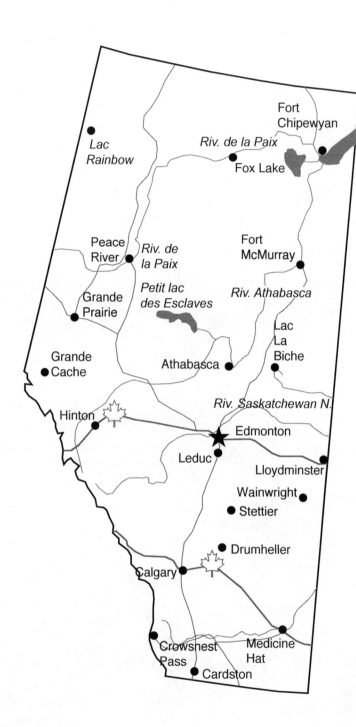

Fort Chipewyan

Riv. de la Paix

Lac Rainbow

Fox Lake

Peace River

Riv. de la Paix

Fort McMurray

Grande Prairie

Petit lac des Esclaves

Riv. Athabasca

Lac La Biche

Grande Cache

Athabasca

Riv. Saskatchewan N.

Hinton

Edmonton

Leduc

Lloydminster

Wainwright

Stettier

Drumheller

Calgary

Crowsnest Pass

Medicine Hat

Cardston

Légende

- ● Ville
- ★ Capitale

Saskatchewan

Fond-du-Lac

Lac Athabasca

Lac Wollaston

La Loche

Southend Reindeer

Riv. Churchill

Île-a-la-Crosse

La Ronge

Pelican Narrows

Meadow Lake

Cumberland House

Prince Albert

North Battleford

Riv. Saskatchewan S.

Saskatoon

Yorkton

Riv. Saskatchewan S.

Regina

Swift Current

Maple Creek

Weyburn

Assiniboia

Échelle

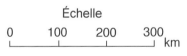

0   100   200   300
km

Légende

 Ville

 Capitale

Manitoba

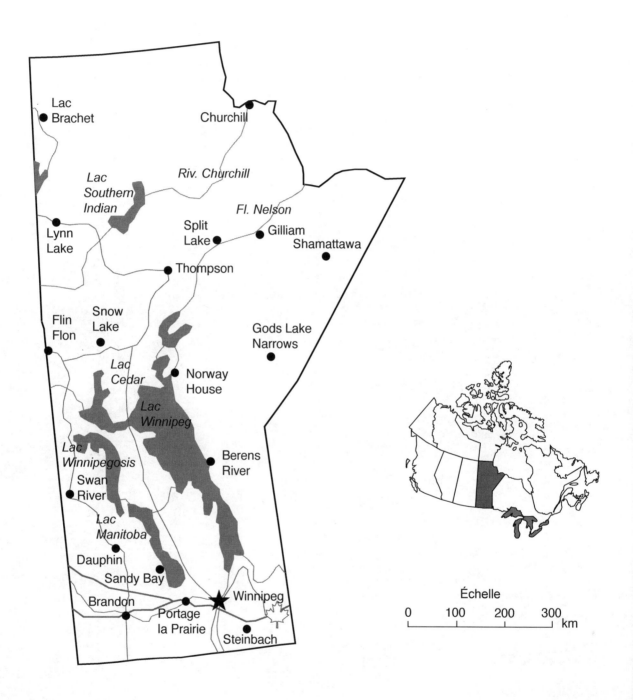

Lac Brachet

Churchill

Riv. Churchill

Lac Southern Indian

Fl. Nelson

Lynn Lake

Split Lake

Gilliam

Shamattawa

Thompson

Snow Lake

Flin Flon

Gods Lake Narrows

Lac Cedar

Norway House

Lac Winnipeg

Lac Winnipegosis

Berens River

Swan River

Lac Manitoba

Dauphin

Sandy Bay

Brandon

Portage la Prairie

Winnipeg

Steinbach

Échelle

0   100   200   300 km

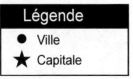

Légende

● Ville

★ Capitale

Ontario

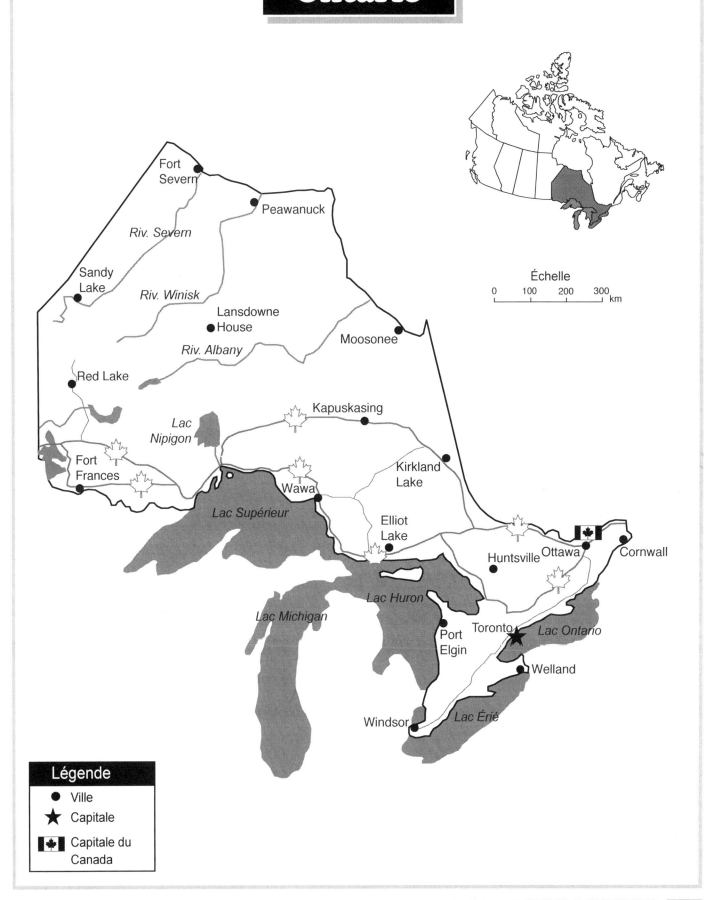

Échelle

0   100   200   300
                      km

Fort Severn

Peawanuck

Riv. Severn

Sandy Lake

Riv. Winisk

Lansdowne House

Riv. Albany

Moosonee

Red Lake

Kapuskasing

Lac Nipigon

Fort Frances

Kirkland Lake

Wawa

Lac Supérieur

Elliot Lake

Huntsville

Ottawa

Cornwall

Lac Huron

Lac Michigan

Port Elgin

Toronto

Lac Ontario

Welland

Windsor

Lac Érié

Légende

● Ville

★ Capitale

🍁 Capitale du Canada

Québec

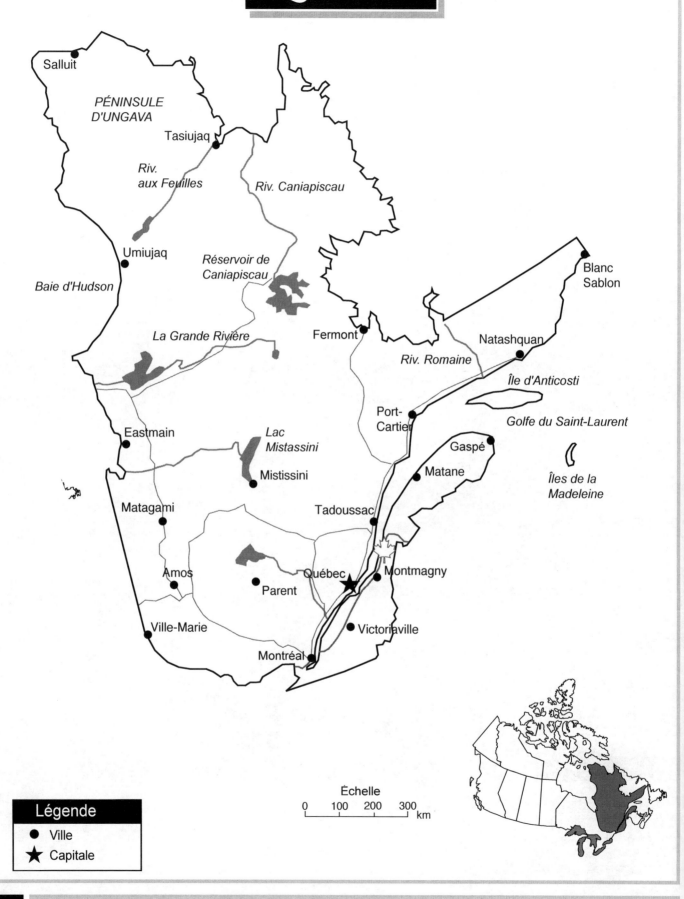

PÉNINSULE
D'UNGAVA

Salluit

Tasiujaq

Riv.
aux Feuilles

Riv. Caniapiscau

Umiujaq

Réservoir de
Caniapiscau

Baie d'Hudson

Blanc
Sablon

La Grande Rivière

Fermont

Natashquan

Riv. Romaine

Île d'Anticosti

Port-
Cartier

Golfe du Saint-Laurent

Eastmain

Lac
Mistassini

Gaspé

Mistissini

Matane

Îles de la
Madeleine

Matagami

Tadoussac

Amos

Parent

Québec

Montmagny

Ville-Marie

Victoriaville

Montréal

Échelle

0   100   200   300
km

Légende

● Ville

★ Capitale

Terre-Neuve-et-Labrador

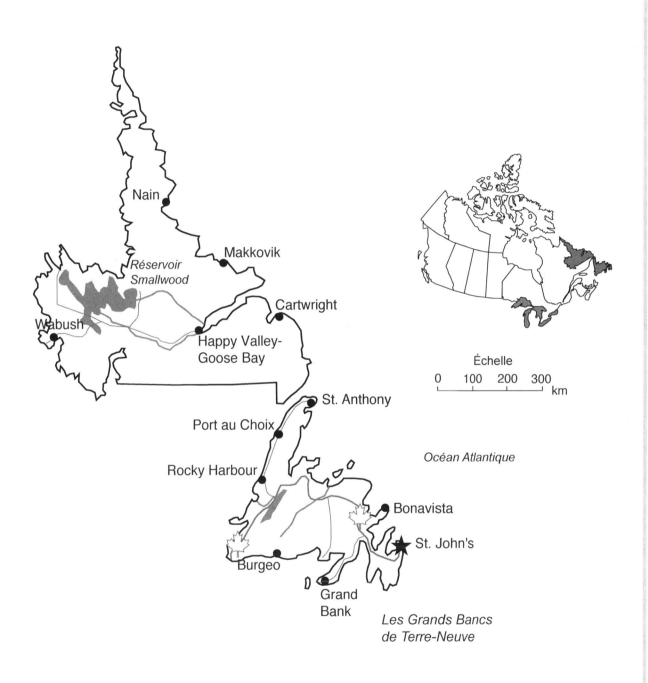

Nain

Makkovik

Réservoir Smallwood

Cartwright

Wabush

Happy Valley-Goose Bay

St. Anthony

Port au Choix

Rocky Harbour

Océan Atlantique

Bonavista

★ St. John's

Burgeo

Grand Bank

Les Grands Bancs de Terre-Neuve

Échelle

0   100   200   300
km

Légende

 Ville

 Capitale

Nouveau-Brunswick

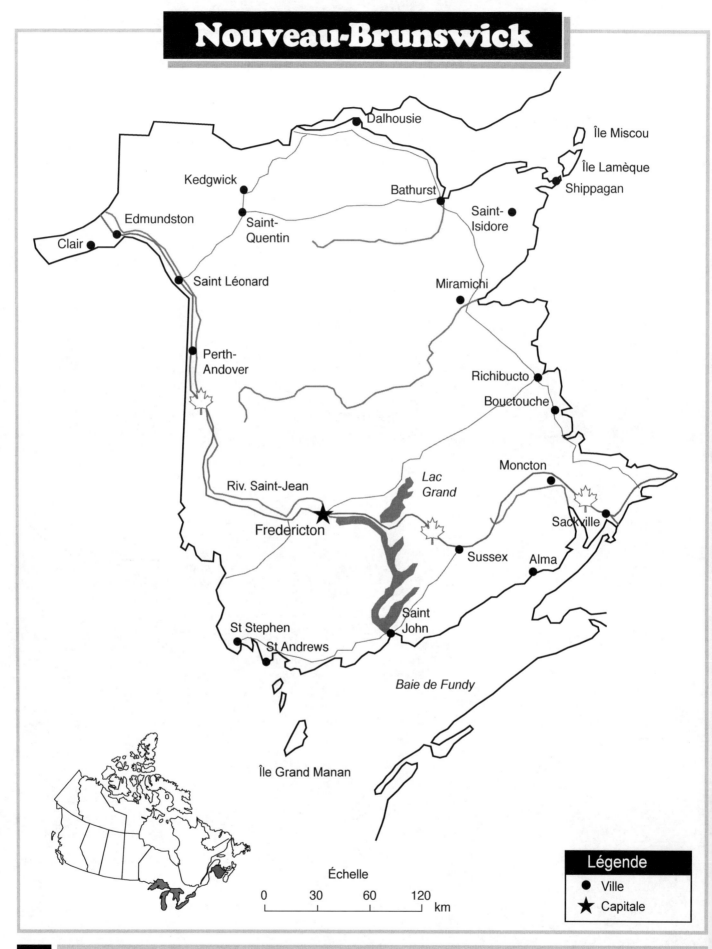

Dalhousie

Île Miscou

Île Lamèque

Kedgwick

Bathurst

Shippagan

Saint-Isidore

Edmundston

Saint-Quentin

Clair

Saint Léonard

Miramichi

Perth-Andover

Richibucto

Bouctouche

Moncton

Lac Grand

Riv. Saint-Jean

Sackville

Fredericton

Sussex

Alma

Saint John

St Stephen

St Andrews

Baie de Fundy

Île Grand Manan

Échelle

0   30   60   120
km

Légende
● Ville
★ Capitale

Île-du-Prince-Édouard

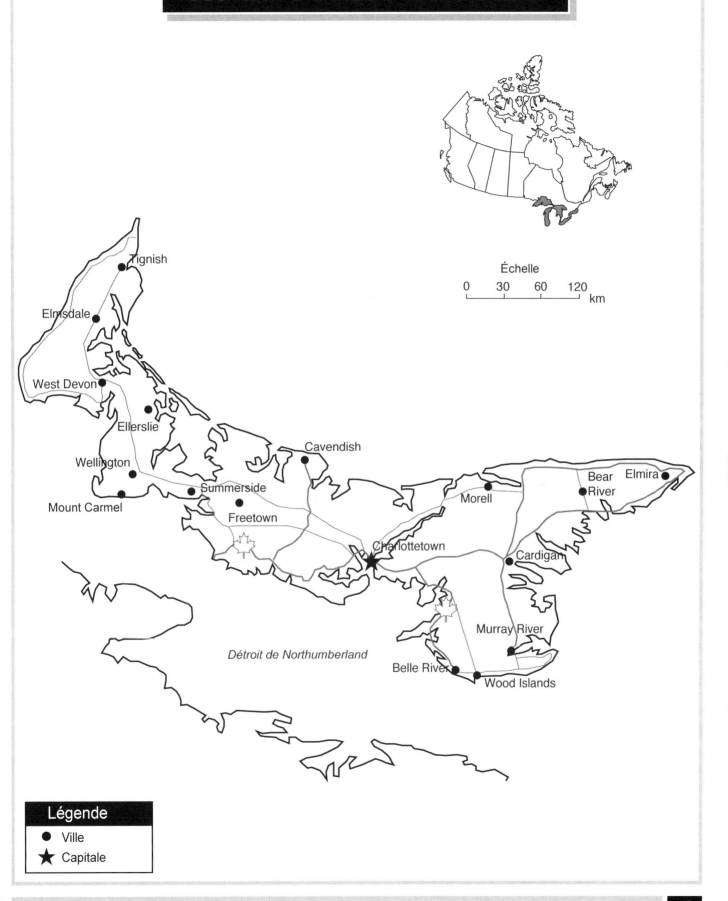

Échelle

0   30   60   120
                    km

Tignish

Elmsdale

West Devon

Ellerslie

Wellington

Mount Carmel

Summerside

Freetown

Cavendish

Morell

Bear River

Elmira

Charlottetown

Cardigan

Murray River

Belle River

Wood Islands

Détroit de Northumberland

Légende
- ● Ville
- ★ Capitale

Nouvelle-Écosse

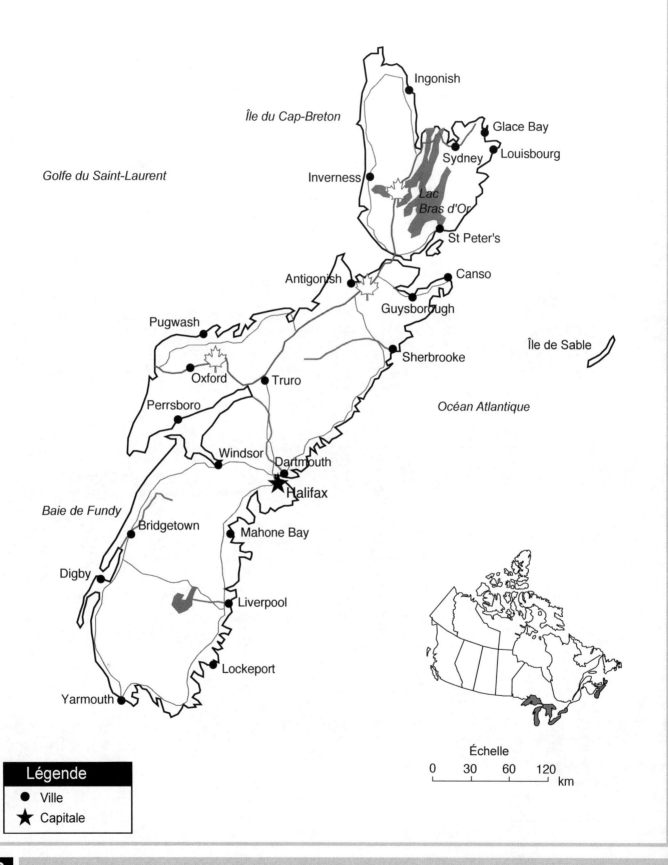

Ingonish

Île du Cap-Breton

Glace Bay

Louisbourg

Sydney

Golfe du Saint-Laurent

Inverness

Lac Bras d'Or

St Peter's

Antigonish

Canso

Guysborough

Pugwash

Île de Sable

Sherbrooke

Oxford

Truro

Perrsboro

Océan Atlantique

Windsor

Dartmouth

Halifax

Baie de Fundy

Bridgetown

Mahone Bay

Digby

Liverpool

Lockeport

Yarmouth

Échelle

0   30   60   120
km

Légende

● Ville

★ Capitale

Nunavut

Océan Arctique

Île d'Ellesmere Alert

Baie de Baffin

Resolute

Pond Inlet

Clyde River

Île Victoria

Île de Baffin

Pelly Bay

Umingmaktok

Iqaluit

Riv. Back

Coral Harbour

Cape Dorset

Détroit d'Hudson

Lac Baker

Chesterfield Inlet

Arviat

Baie d'Hudson

Sanikiluaq

Échelle
0   200   400   600
km

Légende
● Ville
★ Capitale

Territoires du Nord-Ouest

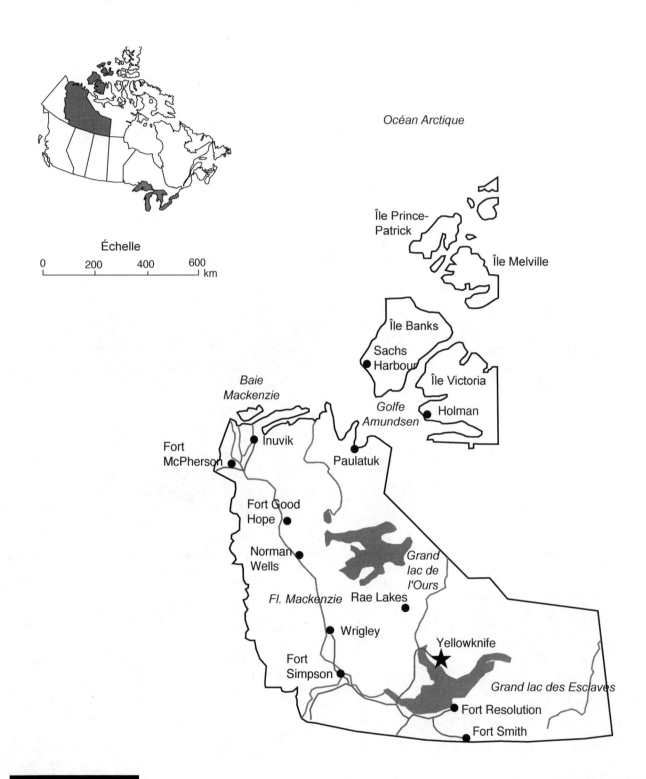

Océan Arctique

Île Prince-Patrick

Île Melville

Île Banks

Sachs Harbour

Île Victoria

Golfe Amundsen

Holman

Baie Mackenzie

Inuvik

Fort McPherson

Paulatuk

Fort Good Hope

Norman Wells

Grand lac de l'Ours

Fl. Mackenzie

Rae Lakes

Wrigley

Yellowknife

Fort Simpson

Grand lac des Esclaves

Fort Resolution

Fort Smith

Échelle

0   200   400   600
km

Légende

● Ville

★ Capitale

Yukon

Océan Arctique

Île Herschel

Old Crow

Riv. Porcupine

Riv. Peel

Dawson

Keno Hill

Riv. Yukon

Pelly Crossing

Beaver Creek

Riv. Pelly

Faro

Carmacks

Lac Laberge

Whitehorse

Teslin

Watson Lake

Échelle

0   100   200   300
km

Légende
- ● Ville
- ★ Capitale

Nouveaux mots

MOT	DÉFINITION

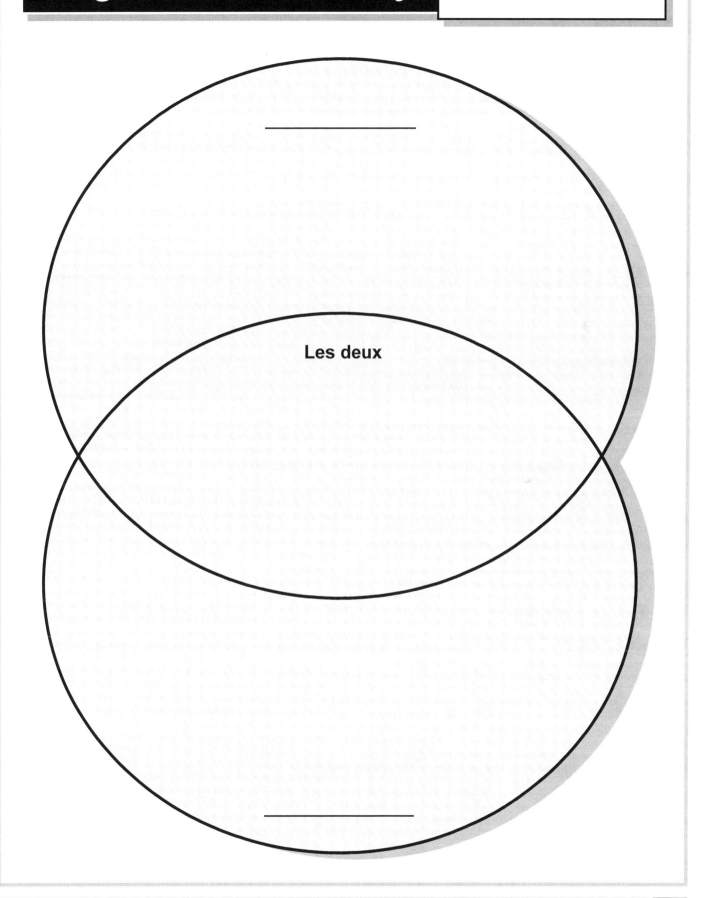

Les deux

Tableau de comparaison - Sujet

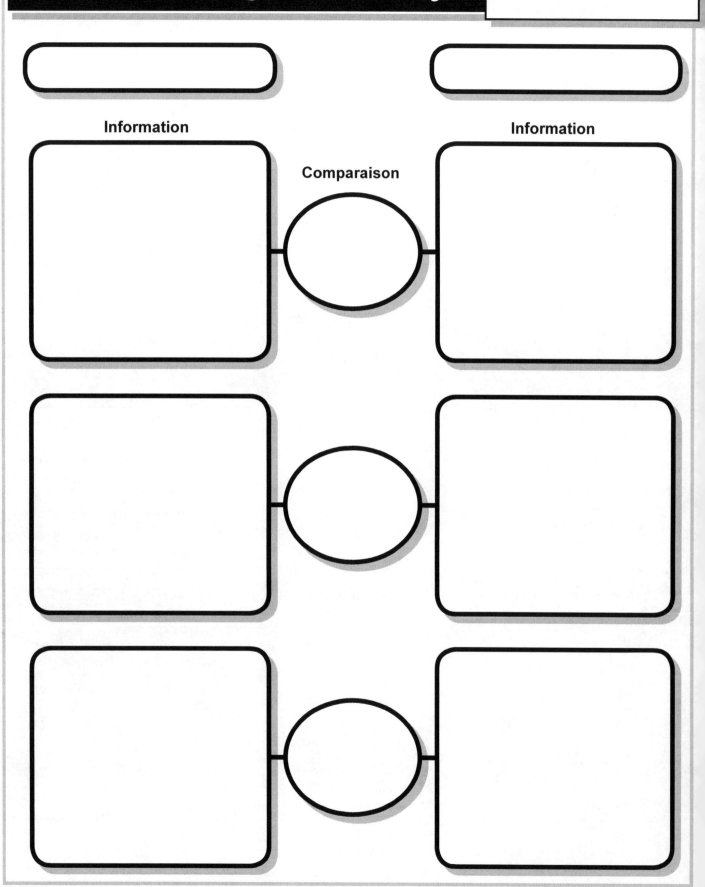

Information

Comparaison

Information

GRILLE D'ÉVALUATION DE LA PARTICIPATION

NIVEAU	DESCRIPTION DE LA PARTICIPATION DE L'ÉLÈVE
Niveau 4	L'élève contribue toujours aux discussions et aux activités en classe en exprimant des idées et en posant des questions.
Niveau 3	L'élève contribue généralement aux discussions et aux activités en classe en exprimant des idées et en posant des questions.
Niveau 2	L'élève contribue parfois aux discussions et aux activités en classe en exprimant des idées et en posant des questions.
Niveau 1	L'élève contribue rarement aux discussions et aux activités en classe en exprimant des idées et en posant des questions.

GRILLE D'ÉVALUATION DE LA COMPRÉHENSION DES CONCEPTS

NIVEAU	DESCRIPTION DE LA COMPRÉHENSION DES CONCEPTS
Niveau 4	L'élève démontre une excellente compréhension de tous ou presque tous les concepts et donne toujours des explications complètes et appropriées sans l'aide de qui que ce soit. Elle ou il n'a pas besoin d'aide de l'enseignante ou l'enseignant.
Niveau 3	L'élève démontre une bonne compréhension de la plupart des concepts et donne généralement des explications complètes ou à peu près complètes. Elle ou il a rarement besoin d'aide de l'enseignante ou l'enseignant.
Niveau 2	L'élève démontre une compréhension satisfaisante de la plupart des concepts et donne parfois des explications appropriées, mais souvent incomplètes. Elle ou il a parfois besoin d'aide de l'enseignante ou l'enseignant.
Niveau 1	L'élève démontre une piètre compréhension des concepts et donne rarement des explications complètes. Elle ou il a besoin d'une aide intensive de l'enseignante ou l'enseignant.

GRILLE D'ÉVALUATION DES CAPACITÉS DE COMMUNICATION

NIVEAU	DESCRIPTION DES CAPACITÉS DE COMMUNICATION
Niveau 4	L'élève communique toujours avec clarté et précision, tant oralement que par écrit. Elle ou il emploie toujours une terminologie et un vocabulaire appropriés.
Niveau 3	L'élève communique généralement avec clarté et précision, tant oralement que par écrit. Elle ou il emploie la plupart du temps une terminologie et un vocabulaire appropriés.
Niveau 2	L'élève communique parfois avec clarté et précision, tant oralement que par écrit. Elle ou il emploie parfois une terminologie et un vocabulaire appropriés.
Niveau 1	L'élève communique rarement avec clarté et précision, tant oralement que par écrit. Elle ou il emploie rarement une terminologie et un vocabulaire appropriés.

Nom de l'élève	Participation	Compréhension des concepts	Communication des concepts	Évaluation globale

SUPER GÉOGRAPHE!

Ce prix est attribué à :

_____

SPÉCIALISTE DES CARTES

Ce prix est attribué à :

_____

http://atlas.nrcan.gc.ca/site/francais/learningresources/index.html/document_view

Ce site de Ressources naturelles Canada est un excellent outil d'apprentissage sur les cartes géographiques. Il fournit une foule de renseignements au sujet du Canada et de sa géographie.

http://www.on.ec.gc.ca/reseau/watertips_f.html

Ce site interactif d'Environnement Canada propose des conseils sur les façons de conserver l'eau.

http://pse5-esd5.ainc-inac.gc.ca/fnp/Main/Search/SearchFN.aspx?lang=fra

Ce site d'Affaires indiennes et du Nord Canada indique les noms de toutes les Premières Nations du Canada et permet d'en apprendre davantage sur chacune.

http://www12.statcan.ca/english/profil01/CP01/Index.cfm?Lang=F

Ce site de Statistique Canada permet aux élèves de trouver des données intéressantes sur les communautés (ou collectivités) de partout au Canada.

http://www.ccge.org/fr/ressources/centre_dapprentissage/plans_de_lecons.asp

Ce site du Conseil canadien de l'enseignement de la géographie propose des plans de leçons pour l'enseignement des divers aspects de la géographie.

http://www.viarail.ca/fr/a-propos-de-via/notre-entreprise/notre-historique/la-page-des-jeunes

Ce site de VIA Rail raconte l'histoire du chemin de fer canadien et de VIA Rail, au sujet desquels il donne une foule de faits intéressants. Le site propose aussi des liens utiles menant à des sites sur les trains du Canada, la prudence à exercer près des voies ferrées, etc.